Ninja und Magie

Der Vergleich zweier Künste

„Bär-Tiger Ninja" David Eilenstein
und
Harry Eilenstein

Kontakt: www.HarryEilenstein.de
Harry.Eilenstein@web.de
Harry Eilenstein bei youtube

Instagram: @davideilenstein

Impressum: Copyright: 2022 by Harry Eilenstein – Alle Rechte, insbesondere auch das der Übersetzung, vorbehalten. Kein Teil des Buches darf ohne schriftliche Genehmigung des Autors und des Verlages (nicht als Fotokopie, Mikrofilm, auf elektronischen Datenträgern oder im Internet) reproduziert, übersetzt, gespeichert oder verbreitet werden.

Verlag: BoD • Books on Demand GmbH, In de Tarpen 42, 22848 Norderstedt
Druck: Libri Plureos GmbH, Friedensallee 273, 22763 Hamburg

ISBN: 978-3-7597-3681-9

Inhaltsverzeichnis

1. Die Autoren

David Eilenstein

Mein Name ist David Eilenstein, ich bin geboren am 7. Mai 1992 – ich bin jetzt 30 Jahre alt.

Ich habe verschiedene Schulen besucht, habe mein Abi gemacht; habe Physik und Informatik zu studieren angefangen, habe das dann aber wieder aufgehört; danach habe ich eine Weile im „Kletterwald" gearbeitet; dann habe ich Optotechnik und Bildverarbeitung studiert und habe inzwischen den Bachelor und den Master gemacht; zwischendurch habe ich selbständig als Parcour-Trainer gearbeitet.

Danach war ich bei der GSI („Gesellschaft für Schwerionenforschung") – erst als Werkstudent, dann als Praktikant und schließlich als Wissenschaftlicher Mitarbeiter. Dort habe ich für die biophysikalische Forschung eine Bildverarbeitungs-Software entwickelt – sie kann die Zellen erkennen, DNS-Schäden identifizieren und Statistiken der Ergebnisse anfertigen. Dafür habe ich mich mit Wissenschaftlern unterhalten, um herauszufinden, was sie eigentlich von mir wollen, welche Lösung sie brauchen usw. Das Programm selber, das ich dabei entwickelt habe, ist als „Image D" frei verfügbar.

Nun die sportliche Schiene: Es begann damit, daß ich als Kind auf meinem Vater als Turngerüst herumgeklettert bin, was uns beiden immer wieder großen Spaß gemacht hat – später bin ich dann auf Bäumen rumgeklettert. Schließlich wurde ich 2001 in einen Turnverein gesteckt, weil man dachte, es wäre vielleicht geschickt, diese Neigung in gute Bahnen zu lenken – da bin ich dann geblieben im Alter von 9 bis 19.

Dann habe ich 2010, also mit 18, meine Trainerausbildung gemacht und habe dann mit zwei anderen Leuten zusammen einen Parcour-Verein gegründet. Damals haben wir anfangs eigentlich nicht wirklich eine Ahnung von Parcour gehabt. Da waren aber Leute, die das kannten – und wir durften und konnten trainern. Das ergänzte sich dann ganz gut. Das hat sich dann schnell entwickelt – nach zwei Jahren waren wir schon 120 Leute – das war ein ziemlich fettes Ding! Das schien also zu funktionieren, was wir da trieben. Dann habe ich auch noch in verschiedenen anderen Vereinen Parcour-Trainings gemacht – zu Spitzenzeiten hatte ich elf Gruppen gleichzeitig, das waren 26 Stunden die Woche.

2016 hat mich eine Dame aus Darmstadt angesprochen – die hat mich im Internet gefunden – die war von „Ninja-Warrior" von „RTL 1". Die hab ich gecoacht und da hat die gemerkt, daß ich das ganz gut kann, und die hat mich dann angestiftet, mich da im nächsten Jahr zu bewerben – und das hab ich auch gemacht. Das war dann 2017 und seitdem bin ich da jedesmal am Start gewesen – außer zwei Produktionen hab ich da alles mitgenommen, d.h. ich war zweimal „Team-Warrior", einmal bei „Ninja All Stars" und sechsmal bei den regulären Staffeln, also insgesamt in neun Produktionen. Irgendwie werden die mich nicht mehr los und ich werde die nicht mehr los ... das macht uns beiden Spaß.

Was ich cool finde an Ninja und warum ich da hängen geblieben bin, was den Sport angeht: Im Turnen hat man klar definierte Ziele und man muß irgendetwas perfektioniert ausführen; beim Parcour ist es freies Spielen, es geht um Freestyle; und Ninja kombiniert das ganz gut: Man hat ein Ziel und muß von Plattform 1 auf Plattform 2 kommen, aber wie man das macht, ist im Rahmen von gewissen Regeln völlig egal. Man kann da schön kreativ werden und die Aufgaben auf die Weise lösen, auf die man Lust hat – und niemand meckert, wenn die Zehen krumm waren. Wenn Du drüben bist, bist Du drüben, und wenn's eine coole Lösung war – umso besser! Das macht einfach rein vom Sport her richtig Spaß.

Und was mir noch gefällt, ist, daß es dreidimensional ist – ich mag das räumliche Denken allgemein. Das braucht man da die ganze Zeit, denn man muß einschätzen können, was da wo ist – das ist wichtig, denn sonst greift man daneben. Außerdem ist das technische Verständnis wichtig: Man muß wissen, wie die Dinger reagieren, wenn man da dran springt, wenn man da dran hängt. Man muß wissen, daß alles eine Eigenfrequenz hat – und wenn man versucht, in einer andren Frequenz zu schwingen, kommt man nicht vorwärts, denn dann kompensiert sich die Energie die ganze Zeit und es passiert nichts.

Außerdem find ich es natürlich toll, daß das mega-verrückte, coole Leute machen – in einem sehr positiven Sinne – weil die alle total sportbegeistert sind. Das macht richtig Spaß mit diesen Leuten.

Dann gibt es noch eine Schiene: Das wissenschaftliche, analytische Denken plus Sport plus Dreidimensionales – da liegt es auf der Hand, irgendwann auch selber Hindernisse zu bauen – das hab ich dann auch gemacht. Ich hab die mit CAD am Computer konstruiert – Ninja-Hindernisse und Anlagen, die dann gebaut werden. Anfangs wurden die von mir gebaut, mittlerweile von professionellen Partnern. Damit habe ich schon diverse Hallen ausgestattet, ich habe Trainingsgeräte entwickelt, Wettkämpfe organisiert, Software für Wettkämpfe geschrieben – also, was Ninja angeht: das volle Paket! Hindernisse bauen, Hallen einrichten, Wettkämpfe organisieren, Wettkämpfe mitmachen, Software schreiben, Parks designen, trainern, an der RTL-Show teilnehmen ... und Werbung für Ninja machen ... und inzwischen habe ich mit Freunden eine eigene Halle gebaut: Ninja-Skillz in Darmstadt.

Über Meditation, Telepathie und so kann ich in Bezug auf Ninja nicht so viel sagen, weil ich mich in in der letzten Zeit in Kreisen bewege, wo die Leute darauf allergisch reagieren. Aber wenn man sich mit ihnen mal unter vier Augen unterhält, sind sie meistens sehr neugierig. Es ist da ein bißchen Usus, daß man da allergisch zu sein hat, damit man professionell wirkt ...

Das ist ein Zwiespalt, in dem ich mich bewege: Ich habe fast nur mit Leuten zu tun, die nichts glauben, was über diesen wissenschaftlichen Kram hinausgeht, was mit der Wissenschaft nicht erfaßt werden kann oder von ihr auch nicht erfaßt werden will, weil es da um was anderes geht.

Was bei diesem Sport auf jeden Fall eine wahnsinnig große Rolle spielt, das ist das „Mind-Set". Ich hab festgestellt, daß bei den Wettkämpfen – ich war 2017 in der Show, ich war 2018 in der Show und hab mich danach dann mal in der Ninja-Szene umgeschaut, was es da für Events gibt – daß das Mind-Set eine Riesen-Rolle spielt. Der Hauptgrund dafür, das ich das gemerkt habe, war, daß mir aufgefallen ist, daß mein Trainings-Level und mein Wettkampf-Level Welten auseinanderlagen. Ich habe im Training so viel hingekriegt und im Wettkampf hab ich dann irgendwas Dummes gemacht und bin ausgeschieden. Das wollte ich dann systematisch untersuchen und habe verschiedene Mind-Sets ausprobiert, um mich an das Wettkampf-Klima zu gewöhnen. Da hab ich mit dem Verschiedensten experimentiert und letztes Jahr hab ich's dann rausgefunden – und das ist im Prinzip so zu tun, als wär man beim Trainern, und einfach so zu tun, als wär man beim Spielen. Da muß man natürlich erst mal hinkommen, daß man das im Wettkampf aktivieren kann – wenn man da einen Haufen Kameras im Gesicht hat, macht's das nicht unbedingt einfacher ...

Wenn ich da einfach stehe und sage mir, ich zeige nun was ich kann, und das macht Spaß und ich spiel mich jetzt da durch und zeig denen, wie's funktioniert – dann geht das super! Diese Leichtigkeit zusammen mit dem Plan, ans Ziel zu kommen – das ist unglaublich schwer, aber ziemlich effektiv.

Harry Eilenstein

Ich wurde 1956 in Barmstedt in Holstein geboren und lebe seit meiner Kindheit in der Nähe von Bonn. Ich habe schon die verschiedensten Berufe ausgeübt: Mitinhaber eines Bioladens, Angestellter im Finanzamt, Sticker-Geselle im Nonnenkloster, Goldschmied, Fremdenführer in Ägypten, Berater, Astrologe, Schaufenster-Gestalter, Schriftsteller, Magier, Zivildienstler im Altenpflegeheim, technischer Berater für einen Varieté-Zauberer, Gärtner, Buchhalter, Firmenlogo-Designer, Mitarbeiter in einer Schweizer NGO ...

Mein Studium in Astronomie, Ägyptologie und Klassischem Ballett in Bonn habe ich nach gut zwei Jahren abgebrochen. Nebenher habe ich in dieser Zeit auch Vorlesungen in Archäologie, vergleichender Religionswissenschaft u.ä. besucht und an der Uni Flamenco und indische Shiva-Tänze gelernt sowie bei den Kalifis aus Ghana afrikanische Ahnentänze, Brautwerbetänze, Kriegstänze und ähnliches mehr.

Nach einer heftigen Lebenskrise und zwei Selbstmordversuchen im Alter von 21 Jahren habe ich einmal im Godesberger Stadtpark gesessen und mich gefragt, wie das alles bloß weitergehen soll. Da hat jemand hinter mir gesagt: „Lerne Magie." Ich war ziemlich verwundert, als ich gesehen habe, daß hinter mir niemand war – jetzt im Nachhinein nehme ich an, daß das meine Seele gewesen ist ... In der Bücherei und der Buchhandlung hatten sie jedoch nur Anleitungen dafür, wie man weiße Kaninchen aus schwarzen Zylindern zieht – doch das konnte eigentlich nicht mit „Magie" gemeint sein.

An dem Abend bin ich „per Zufall" auf meiner ersten Fête gelandet (ich bin als „Waldschrat" aufgewachsen) und habe dort eine Frau kennengelernt, mit der ich das erste Mal Telepathie erlebt hatte: Ich konnte ihren Urlaub weitererzählen, weil ich ihre Urlaubs-Erinnerungen als innere Bilder vor mir sah. Sie hat mich dann in ihrer WG Axel vorgestellt, der mich dann als Zauberlehrling angenommen hat. Mit ihm zusammen habe ich sehr schnell sehr viel erlebt, denn sein Wahlspruch war „Hauptsache, es kracht und macht schwindelig!" Das heftigste dieser Erlebnisse war eine erfolgreiche Dämonenbeschwörung.

Danach habe ich dann alles ausprobiert – teilweise auch mit Gleichgesinnten in dem Bonner Experimentalmagie-Kreis: Hypnose, Runen, Meditation, Astralreisen,

Ritualmagie, Magie-Tänze, Kundalini, Astrologie, Tantra, Familienaufstellungen, Schwitzhütten, Feuerläufe usw. Die meisten dieser Dinge leite ich inzwischen auch selber an.

Ich bin eigentlich schon seit meiner Jugend Berater – erst für meine Geschwister, mittlerweile auch beruflich. Nebenher habe ich inzwischen ca. 250 Bücher zu den verschiedensten magischen, astrologischen, religiösen, psychologischen und ähnlichen Themen geschrieben. Ein Teil davon ist auch auf Englisch erschienen. Zur Zeit schreibe ich an dem neunbändigen Romane „Maran" und an einer Serie von 25 Booklets für die Schweizer NGO „Swiss Health Alliance", die bei der UNO akkreditiert ist.

Ich habe zwei Kinder: David und Susanna – die besten Kinder der Welt ...   ;-)

2. Begeisterung

Dazu fällt mir das „Ninja-Fieber" ein – da merkt man genau, wenn das die Leute packt. Die sind immer erst mal etwas zurückhaltend – das sieht ja ganz cool aus, was man da macht ... Dann lad ich die zum Training ein: „Kommt mal vorbei." Manche sind dann gleich begeistert und kommen vorbei – manche kommen und manche nicht. Manche sind dann erst mal erstaunt, daß wir auch irgendwo trainieren ...

Eine Frau ist mal gekommen – die kenne ich seit einem Jahr – dann haben wir uns in der Ninja-Halle getroffen und trainiert. Erst ist ja alles so groß – da war sie ein bißchen eingeschüchtert. Doch sie war erst fünf Minuten irgendwo langgehangelt, da hatte sie schon dieses Grinsen im Gesicht. Da dachte ich: „Boah – die hat Spaß!" Die hat bis zum Letzten gekämpft – und wir waren zwei Stunden da und am Ende hatte sie offene Blasen an den Händen, aber sie war einfach nur angepißt, weil sie nicht mehr weitermachen konnte. Da ist dieser Begeisterungs-Funke übergesprungen und sie hat sich mit dem Ninja-Fieber angesteckt. Das siehst Du in der Community so oft, das passiert ständig, daß die das mal ausprobieren wollen und dann bleiben die einfach dabei.

Das ist einfach typisch, dieses Grinsen – sogar in Wettkämpfen siehst Du das. Manche sind so ultra-angestrengt oder vollkommen fokussiert, aber den meisten wirklich guten Ninjas siehst Du im Gesicht an, daß sie einfach Spaß haben an dem, was sie da tun.

Zu dem Thema fällt mir noch etwas von mir persönlich ein. Es gibt verschiedene Trainingsstile.

Es gibt Leute, die bauen sich einen Trainingsplan und arbeiten den dann ab und die sind vollkommen cool damit und das macht denen Bock und dann werden die besser, weil sie die Dinge systematisch tun – erst kommt die eine Übung, dann die andere Übung, dann die dritte Übung.

Wenn ich solche Trainingspläne mache – das geht überhaupt nicht. Ich muß rumspielen im Training – ich hab irgendeine blöde Idee und dann probier ich die aus. Dann kommt der nächste mit einer anderen blöden Idee und dann probieren wir die zusammen aus. Das ist das Training – das ist ganz oft so, wenn sich Ninjas treffen, daß es genau so läuft. Wenn Du einen Ninja in eine Halle steckst, dann macht der sein Zeug – aber wenn Du fünf Ninjas in eine Halle steckst, dann ist das genau das, was ich gerade beschrieben habe: Der eine hat eine blöde Idee, macht das, kriegt das erst mal nicht hin, alle anderen sagen „Was?! Das geht nicht!", irgendeiner kriegt's dann doch hin, alle anderen sind erst mal angefixt: „Boah, das geht! O.k. – das müssen wir jetzt auch machen!" Das ist das Coole am Ninja – daß sich das Training nicht wie Training anfühlt, sondern wie Spiel.

Was man natürlich auch viel macht im Training, sind Stages – das man also nicht nur ein Hindernis macht und da rumspielt, sondern daß man viele aneinanderhängt – aber das ist eben mein Trainingsstil.

Es gibt drei Formen des Trainings: Das eine ist Ausdauer – Du machst etwas und übst es und perfektionierst es; Du bist bei einer Sache noch unsicher und dann machst Du es lieber so lange, bis Du Dir da sicher bist. Das nächste ist Challenges – das heißt, man hat eine blöde Idee und das klappt gar nicht und man versucht es doch irgendwie hinzukriegen. Und das dritte ist Stages – da macht man eine Reihenfolge von Hindernissen und geht die durch; man hat also z.B. fünf Hindernisse hintereinander und trainiert die am Stück. Das sind die drei Sorten von Training, die es gibt.

Ohne Begeisterung gibt es vermutlich wenig, was wirklich gedeiht und was ein gutes Niveau erreicht.

Ich finde, daß es bei der „Begeisterung" hilfreich ist, drei Gefühle zu unterscheiden: Glück, Freude und Lust. Das, was man oft „Spaß" nennt, würde ich als eine Variante von „Lust" ansehen.

Die Lust ist die „irdischste" Variante der Begeisterung. Dabei genießt man eine körperliche Wahrnehmung und ein Erlebnis – das kann vom Eis-Essen über einen Wettkampf bis zum Sex reichen. Typisch für die Lust ist es, daß man ein Ziel gehabt hat und dieses Ziel nun erreicht hat. In der Magie findet man diese Haltung u.a. in der pragmatischen Magie, in der Kampf-Magie und in allen Formen, bei denen ein ganz konkretes Ziel angestrebt wird. In der Meditation ist die Lust am deutlichsten bei der Erweckung der Kundalini zu finden.

Die Freude ist sozusagen die „himmlische" Variante der Begeisterung. Sie entsteht, wenn sich zwei Dinge zu einer Einheit verbinden. Das kann eine innere Erkenntnis sein, die Begegnung mit einem Freund, der Anblick des Sonnenuntergangs und vieles andere. In der Magie und in der Meditation zählen dazu die Wahrnehmung der Chakren oder die innere Begegnung mit einer Gottheit.

Das Glück ist die „herzliche" Variante der Begeisterung. Seine Wurzel ist das Erleben von sich selber – es ist das, was man früher mit „mir wird warm ums Herz" umschrieben hat. Wenn man den Kontakt zur eigenen Seele findet, erglüht das eigene Herzchakra in einer Liebe, die sich auf niemanden bezieht, sondern einfach nur da ist – deshalb lächelt Buddha leise vor sich hin und auch die meisten der altägyptischen Statuen. In der Magie und der Meditation erlebt man dieses Glück am intensivsten, wenn man seinem Krafttier, seiner Seele oder seiner Schutzgottheit begegnet.

Wenn man diesen drei Formen der Begeisterung folgt bzw. sie anstrebt – also das Glück, die Freude und die Lust – dann hat man die größtmögliche Motivation und folglich auch die größtmögliche Chance, in dem, was man macht, weit zu kommen. Außerdem sind die Themen, die diese Gefühle hervorrufen, die Themen, die wirklich zu der eigenen Selbstentfaltung gehören und die daher auch das Leben des betreffenden Menschen am meisten bereichern können.

Und wozu ist Magie anderes gedacht als dazu, einen Weg zum Glücklichsein zu finden?

Da Magie heutzutage nicht in der Schule gelehrt wird (und zu früheren Zeiten ebenfalls nicht), sind in diesem Buch vermutlich ein paar Vorschläge für einige einfache Magie-Experimente angebracht. Unten sind zwei Versuche zu finden – in den folgenden Kapiteln gibt's noch mehr davon.

Man sollte diese Versuchs-Anleitungen nicht einfach lesen und glauben, daß sie funktionieren, sondern – wenn man sie interessant findet – ausprobieren und dann schauen, was geschieht. Bücher sind bestenfalls Hinweisschilder auf bestimmte Stellen in der Welt, aber niemals die Welt selber.

Postkarten-Versuch

Für diesen Versuch, mit dem man die Telepathie nachweisen kann, braucht man fünf Personen – am besten eine ganze Schulklasse o.ä. Einer legt je ein Photo, eine Postkarte oder ein anderes Bild in je einen Briefumschlag und verschließt sie.

Dann erhält jede Vierergruppe einen Umschlag und legt ihn auf den Tisch zwischen sich. Nun blicken die vier Personen ca. 3 Minuten lang auf den verschlossen, undurchsichtigen Umschlag und schauen, welche Eindrücke sie von dem Bild, das in diesem Umschlag verborgen ist, erhalten können. Diese Eindrücke schreiben sie auf.

Anschließend vergleichen sie die Eindrücke, die sie gehabt haben, und bilden aus den Eindrücken, die bei drei oder vier von ihnen übereinstimmen, eine Bildbeschreibung, die dann durch die Dinge, die nur bei zweien gleich waren, ergänzt werden. Auf diese Weise können die telepathischen Wahrnehmungen (die bei mehreren gleich sind) weitestgehend von den reinen Assoziationen (die bei jedem anders sind) unterschieden werden.

Dieser Versuch ist natürlich am überzeugendsten, wenn ihn eine ganze Schulklasse o.ä. durchführt und man die verschiedenen Beschreibungen hören und anschließend die dazugehörenden Bilder, die nach der Beschreibung dem Umschlag entnommen werden, in einer ganze Reihe von Gruppen vergleichen kann. Das habe ich einmal in der Klasse meiner Tochter Susanna in einem Schamanismus-Vortrag gemacht – das ist gut angekommen ...

PSI-Wheel

Bei youtube kann man sich unter dem Suchbegriff „PSI-Wheel" einen Versuch ansehen, bei dem ein Papierrädchen, das auf einer Nadelspitze liegt, nur durch die

Vorstellung gedreht wird. Man sollte dieses Experiment aber nicht nur anschauen, sondern auch selber durchführen, um zu sehen, daß es wirklich funktioniert.

Schließlich sollte man mit seinen Füßen immer fest auf dem Boden der Tatsachen bleiben – und eigene Erlebnisse sind die solidesten Tatsachen.

Die Begeisterung für etwas spornt einen Menschen an, diese Sache auch zu tun, zu erleben und zu genießen. Die Begeisterung für eine Sache führt dazu, daß diese Sache Spaß macht und daß man in Bezug auf diese Sache dadurch, daß man sie tut, nach und nach ein immer höheres Niveau erreicht.

Tu, was Du willst!

3. Entdeckerfreude

Das Coole ist, daß man ein Hindernis manchmal schon jahrelang kennt, aber es dann immer wieder mal passiert, daß jemand eine neue Idee hat, was man damit machen kann. Da hat man dann immer so'n kindliches Grinsen auf dem Gesicht: „Ohh – das geht auch damit!"

Ich konstruiere ja Hindernisse und die baue ich absichtlich so, daß es sauviele Möglichkeiten gibt. Kein Hindernis, das ich gebaut habe, hat weniger als drei Verwendungsmöglichkeiten. Da gibt's dann die eine und die andere und die dritte Möglichkeit und meistens gibt's dann auch noch ein paar Möglichkeiten, an die ich noch überhaupt nicht gedacht hatte.

Ich mache seit 2018 Trainings – das sind ungefähr 150 aktive Wochen, d.h. ich habe 150 verschiedene Parcours aufgebaut, aber es gibt immer noch diese Momente, in denen ich merke: „Ach, mit dem Teil kann man auch das und das anstellen!" Dann machen wir das damit und es ist vorher noch keiner darauf gekommen, daß das geht.

Wer keine Entdeckerfreude in sich trägt, wird wohl kaum die Magie erkunden oder Horoskope berechnen oder die verschiedenen Bewußtseinszustände, die es in der Meditation gibt, erforschen wollen.

Es gibt viel zu entdecken, was das Leben bereichert, aber wenn man zu dieser Entdeckungsreise aufbricht, weiß man noch nicht, was man auf ihr finden kann – und welche Wirkung das Gefundene haben wird. Es sind viele Dinge und es sind sehr verschiedene Dinge, die dort warten: das Verstehen des eigenen Horoskopes, die eigene Seele, das Herbeiwünschen von Dingen und Ereignissen, die Begegnung mit Gottheiten, das Kennenlernen des eigenen Krafttieres, das Barfuß-Laufen über glühende Kohlen, das Wiederfinden des Urvertrauens in der Schwitzhütte, Visionen aus den alten Mythen, die Astralreise, die Begegnung mit den eigenen tiefsten Ängsten, die innere Stille, die Hitze der Kundalini – diese Liste könnte man etliche Seiten lang weiterführen.

Warum lebt man? Um sich selber zu erleben und um sich selber in dem, was man erlebt, auszudrücken. Und worin kann man sich selber am besten ausdrücken? Letzlich ist natürlich jede Situation eine Möglichkeit zu zeigen und auszudrücken, wer man ist, aber neue Situationen sind besonders bereichernd, weil man in ihnen auch neue Seiten von sich selber entdecken kann – und neue Möglichkeiten, das Leben zu genießen.

Ein Aspekt der Magie ist es auch, daß die Welt jedem Menschen im Außen das durch Ereignisse spiegelt, was in dem Inneren dieses Menschen ist. Daher ist die Neugier das Tor zum Glück – insbesondere die Neugier auf sich selber. Und es gibt kaum einen Lebensbereich, der so sehr dafür geeignet ist, sich selber besser kennen- zulernen wie Magie und Meditation – damit können eigentlich nur noch Beziehungen so gerade mithalten.

Wenn die Neugier einen zu sich selber führt und man dann sich selber erkannt hat und sich selber lebt, spiegelt die Welt einem selber die eigene innere Wahrheit wider. Das bedeutet, daß die Welt sich auf einmal so formt, daß sich die eigenen innersten Wünsche erfüllen – die Welt spiegelt einem das, was man ist ... und was könnte man mehr genießen als das? Dann wird das Leben mühelos ...

Daher ist die Entdeckerfreude das, was die eigene Heilung, Entwicklung und Ent- faltung vorantreibt. Buddha hat gesagt, daß die Hauptmotivation der Menschen das Vermeiden von Leid ist. Damit hat er leider auch heute noch weitestgehend recht. Doch zum Glück gibt es auch die Entdeckerfreude, die nicht von dem Leid fort will, sondern die zu dem Glück hin will. Wenn Leid da ist, sollte man sich um die Auf- lösung dieses Leides kümmern, aber es ist kreativer, gleich von Anfang an nach dem Angenehmen zu streben – dann hat das Leid gar nicht mehr so viele Möglichkeiten, in das eigene Leben zu treten.

Bei der Magie gibt es noch eine Besonderheit: Ohne einen Hang zur Romantik wird man wahrscheinlich kaum zu einem Magier bzw. zu einer Hexe werden. Magie ver- bindet den Menschen mit dem Ganzen – und was ist Romantik anderes als das Spüren einer Verbindung mit dem Ganzen?

Hier ist ein weiterer Vorschlag für ein Magie-Experiment:

Hepp-Versuch

Person A legt sich mit dem Bauch auf die Erde und legt ihre Arme neben ihren Körper oder neben ihren Kopf. Person B legt sich mit ihrem Bauch quer über die Waden von Person A. Beide Personen zusammen sehen nun ungefähr wie ein „T" aus.

Person A versucht nun, Person B mit ihren Beinen hochzuheben – was in aller Regel nicht gelingen wird. Dabei sollte Person A auf ihre Beine achten und sich nicht durch eine verbissene Überanstrengung eine Muskelzerrung zuziehen.

Dann stellt sich Person A vor, daß von ihrem Kopf bis in ihre Füße ein weißer Lichtstrahl fließt, der sich in ihrem Gesäß in zwei Strahlen aufteilt. Dann stellt sich Person A vor, das Person B nur ein kleines Kissen ist, das leicht wie ein Feder- wölkchen ist. Nun sagt Person A innerlich „Hepp!" und hebt dabei Person B mühelos mit ihren Waden hoch – und Person B wird aller Wahrscheinlichkeit nach mit einigem

Schwung über den Rücken von Person A kullern ...

Es gibt etliche Fälle mit vielen Augenzeugen, in denen ein Mensch einen Gegenstand hochgehoben hat, der so schwer ist, das ihm dies normalerweise vollkommen unmöglich gewesen wäre. Ein solcher Fall ist z.B. die Mutter, die einen LKW anhebt, um ihr Kind, das halb unter eines der Räder des LKWs geraten ist, zu befreien.

Ein ähnlicher Fall ist das beliebte Kinderspiel „sich schwer machen". Durch dieses „sich schwer machen" wird es sehr schwierig bis unmöglich, das betreffende Kind hochzuheben. Diese Methode wird gelegentlich auch in der Kampfkunst angewendet. Was die Kinder bzw. die Kämpfer dabei innerlich tun, läßt sich kaum beschreiben – sie wollen schwer sein und sind es dann auch. Diese Technik wird z.B. im Aikido benutzt.

Der „Hepp-Versuch" ist ein einfaches Experiment, bei dem die Körperkraft durch Telekinese deutlich verstärkt wird.

Die Entdeckerfreude führt dazu, daß man mit der Zeit in einem Bereich sachkundig wird. Das bedeutet, daß man ohne Entdeckerfreude in dem betreffenden Bereich vermutlich immer ein Lehrling bleiben wird – vielleicht auch ein passabler Geselle. Aber um in irgendeinem Bereich zum Meister zu werden, ist die Entdeckerfreude eine wesentliche Voraussetzung.

Erforsche das, was Du spannend findest.

4. Verstehen

Da gibt es zwei Perspektiven: zum einen, die Perspektive dessen, der das Hindernis baut, und zum anderen die Perspektiven dessen, der das Hindernis benutzt.

Für den Hersteller gibt es viele Aspekte: Wie man es baut, welche Materialien man benutzt, in welchem Winkel man die Fingerleiste anschraubt, welcher Lack abplatzt, welcher nicht, welcher andere Schäden bekommt, welcher Lack rutschfest bleibt, welche Schrauben man benutzt, welche Sicherheits-Schraubenmuttern, welche Unterlegscheiben, welche Lager man benutzt, welche Achsen, welchen Wellendurchmesser usw. Da könnte ich jetzt stundenlang erzählen, aber darum geht's hier ja nicht – aber diese technischen Details muß man alle berücksichtigen. Man muß dabei überlegen: „Was will man damit tun und was muß das Ding aushalten?"

Was es aushalten muß, ist relativ einfach. Wenn man sich das überlegt, dann gibt es da den Athleten, der hat bis zu 100kg Gewicht; dann gibt es da viele Schwünge, Fliehkräfte und ähnliches, d.h. ein Hindernis muß einen Zug von 300kg aushalten – und dazu dann noch ein bißchen Sicherheits-Spielraum.

Dann muß man schauen, was es tun soll – z.B. in Ruhelage so und so liegen. Wenn man dran schwingt, soll es das und das tun. Die meisten Hindernisse haben ja bewegliche Teile – da gibt es dann verschiedene Sachen, die interessant sind. Soll es sich leicht drehen oder schwer? Wo sitzt die Achse? Wo der Griff? Was soll passieren, wenn man an dem Griff hängt? Manche Hindernisse haben auch zwei verschiedene Schwerpunkte, wenn sich an ihnen ein Gewicht befindet, das verrutschen kann – die haben dann nicht nur ein stabiles Equilibrium, sondern zwei.

Wenn Du nun an ein Hindernis springst und die Griffe packst, dann tut das Hindernis irgendwas. Angenommen, man hat ein Rad, an dem die Griffe im Ruhezustand seitlich an dem Rad sind, also nicht unter der Achse, sondern seitlich daneben. Wenn man dann an die Griffe springt und an ihnen hängt, dreht sich das Rad so, daß die Griffe unten, also unter der Achse sind. Der Schwerpunkt von dem leeren Rad verschiebt sich, wenn der Athlet an den Griffen hängt, und das Rad dreht sich, bis der Athlet, der der neue Schwerpunkt ist, unter der Achse hängt.

Wenn man an solch ein Hindernis springt, sollte man schon vorher verstanden haben, was dann passieren wird. Wenn man das Drehen des Rades und den Ruck, der dabei entsteht, nicht erwartet, rutscht man ab und liegt unten im Wasser. Wenn man den Ruck jedoch erwartet, kann man sich selber in die passende Körperlage bringen und den Ruck nutzen um Schwung zu bekommen. Man sieht bei den Shows sehr gut, wer dieses technische Verständnis hat und wer nicht – da wundern sich dann manche, was da passiert und rutschen ab – plopp ... Die machen dann nichts mit dem Hindernis, sondern das Hindernis macht was mit denen.

Wenn da z.B. mehrere Stangen hintereinander hängen und ich springe an die erste, hänge dann da, mache einen Zwischenschwung, springe an die nächste, hänge dann da usw. – dann brauche ich sehr viel Zeit und sehr viel Kraft. Wenn ich jedoch auf die richtige Weise schwinge, die Füße hinter mich werfe und jederzeit weiß, wo mein eigener Schwerpunkt ist, dann kann ich von einer Stange fließend zur anderen schwingen ohne dazwischen innezuhalten. Wenn man das nicht so fließend macht, braucht man länger, es zieht viel mehr in den Händen, man hängt mit dem Schwerpunkt weiter unten und man ist am Ende k.o.

Dann gibt es noch die Eigenfrequenz – die ist noch interessant. Alle Dinge haben eine Eigenfrequenz, die man nicht ändern kann – außer man verändert die Dinge selber und macht sie länger o.ä. Das gilt natürlich auch für die Athleten selber: lange Athleten haben eine langsamere Frequenz, d.h. sie brauchen länger, um von vorne nach hinten zu schwingen, als kurze Athleten. Ich muß also meine Eigenfrequenz kennen und genau in der schwingen, denn wenn ich eine andere Frequenz versuche, vergeude ich nur meine Kraft und erreiche nichts. Wenn man versucht, ein Kind auf der Schaukel plötzlich 50% schneller zu schaukeln, dann geht das nicht – das ruckelt wie blöd und das Kind fällt runter.

Diese Frequenz des Athleten hängt auch davon ab, wie lang das Hindernis ist. Wenn man z.B. an einem langen Seil hängt, wird die Frequenz kleiner – man schwingt langsamer; und wenn das Seil kurz ist, wird die Frequenz größer – man schwingt schneller.

Daher ist es ganz wichtig, daß man ein Gespür dafür entwickelt, wie die Eigenfrequenz eines Hindernisses ist, wenn man selber an ihm hängt, und daß man nicht versucht, dem Hindernis irgendeine Frequenz aufzuzwingen, sondern so schnell wie möglich spürt, was die Eigenfrequenz eines Hindernisses ist, und genau da mitgeht und genau die sozusagen supportet. Man greift die Eigenfrequenz des Hindernisses auf und führt dieser Frequenz Energie zu – das ist am energiesparendsten. Wenn man jedoch eine andere Frequenz zu erreichen versucht, vergeudet man nur seine Energie – und das Hindernis macht störrische und bockende Bewegungen und wirft einen dann manchmal ab.

Du hast ja Energie in verschiedenen Energieformen vorliegen – die beiden wichtigsten sind kinetische und potentielle Energie. Da haben wir mal ein Hindernis aufgebaut, da haben die im Training regelmäßig Augen gemacht, warum das denn bloß funktioniert. Das war ein Slider, also eine 5m lange, leicht schräg liegende Stange, an der ein Ring hing, an dem man sich festhalten kann. Normalerweise startest Du dann am oberen Ende, das ca. 1m höher liegt, und rutschst mit dem Ring nach unten. Dabei wird dann die potentielle Energie von dem 1m Höhenunterschied in kinetische Energie, also in Bewegungsenergie umgesetzt – das Rutschen wird dadurch immer schneller. Unten schlägst Du dann an und es macht „Dong" und die kinetische Energie kann nicht weiter und löst sich in Erschütterungen, Klang und Wärme auf.

Man kann jedoch auch von unten nach oben gleiten. Wenn Du von hinten oben nach unten und nach vorne schwingst, kommt der Schwerpunkt nach unten, d.h. Du verwandelst Deine potentielle Energie in Schwung, d.h. in kinetische Energie um: Der Schwerpunkt Deines Körpers geht nach unten, was zu kinetischer Energie, die nach vorne oben gerichtet ist, wird. Zugleich sorgt auch noch die Impulserhaltung dafür, daß Du Dich nach vorne und nach oben bewegst. Das sieht dann ziemlich unmöglich aus, aber ist physikalisch vollkommen normal – nur eben ungewohnt. So etwas gelingt am ehesten, wenn man die Physik hinter den Bewegungen versteht. Da haben die Leute im Training dann manchmal schon gedacht, ich könnte zaubern – aber das war einfach nur verstandene und angewandte Physik.

Beim Abwärts-Rutschen verwandelt man potentielle Energie in kinetische Energie; beim Aufwärts-Rutschen verwandelt man die kinetische Energie des Schwunges in potentielle Energie.

Sowas versteht bei den Ninjas kaum einer – aber das spart Arbeit und ist daher sehr nützlich.

Alexander Hille hat mal gesagt: „Ninja ist kein Glück." Alles, was geschieht (nicht nur im Ninja), geschieht nur deshalb, weil man bestimmte Dinge tut, die funktionieren – oder eben auch mal nicht funktionieren. Man ist für alles, was geschieht, selber verantwortlich.

Vermutlich gibt es keinen Bereich im Leben, in dem Sachkenntnis nicht ausgesprochen förderlich ist. Das gilt auch für Magie, Astrologie, Meditation und alle ähnlichen Bereiche. Die beste Sachkenntnis erlangt man jedoch nicht aus Büchern – obwohl die durchaus nützlich sein können – sondern aus Erlebnissen. Wenn man Dinge tut und dann anschließend betrachtet, was man dabei erlebt hat, erlangt man eine gut fundierte Kenntnis des betreffenden Bereichs.

Dabei ist es sinnvoll, die Experimente zu variieren, um zu sehen, welcher Aspekt der eigenen Handlung welche Wirkung hat. Natürlich ist es ebenfalls förderlich, auch bereits bekannte Gesetzmäßigkeiten nachzulesen und durch Experimente zu überprüfen und zu einer eigenen Erfahrung werden zu lassen – man muß nicht unbedingt das Rad neu erfinden. Das gilt auch für Magie, Astrologie, Meditation und ähnliches.

Die wenigsten Menschen finden es angenehm, Dinge lange zu üben – und bei vielen Dingen gibt es auch angenehmere Möglichkeiten. Will man Telekinese lernen? Dann kann man versuchen, die Würfel beim „Mensch ärgere Dich nicht" zu lenken. Will man lernen, innere Bilder sehen zu können? Dann kann man Traumreisen machen. Will man verstehen, was der eigene Lebensstil ist? Dann kann man sich sein

Horoskop deuten lassen. Das ist für die meisten Menschen unterhaltsamer als das sture, eintönige Üben ...

Eine solide Sachkenntnis braucht mehrere Dinge, damit sie entstehen kann: sehr viele Erlebnisse, das Betrachten und Sortieren und Verallgemeinern der Erlebnisse, Erfahrungen in ähnlichen Bereichen, Austausch mit anderen Menschen über dasselbe Thema, das Anwenden der eigenen Erkenntnisse im Alltag, und schließlich noch das Bedürfnis nach dem Nutzen, den diese Erkenntnisse und ihre Anwendung bringen.

Mit der soliden Sachkenntnis kommt auch das Fingerspitzengefühl in konkreten Situationen und auch die verläßliche Intuition in unbekannten Situationen. Die meisten guten Handwerker erkennt man an ihrem wachen und gezielt ausgerichteten Blick, an ihrer Gelassenheit und Gründlichkeit und an einer gewissen Bedächtigkeit, sowie im Idealfall noch an einem leisen Lächeln, das zeigt, daß sie ihre Arbeit kennen und sie gerne tun.

Wenn ein Magier, ein Astrologe, eine Seherin, ein Yogi, ein Berater, ein Therapeut oder ähnliches dieses leise Lächeln hat, kann man ihm vertrauen.

Manchmal ist es für das Erlangen eines tieferen Verständnisses eines Bereiches notwendig, sich auch in ganz anderen Bereichen auszukennen und beide vergleichen zu können: So ist es z.B. für das Verständnis der Magie und des Yoga ausgesprochen förderlich, einige Grundkenntnisse in der Kernphysik und in der Astronomie zu besitzen, denn die Grundstrukturen des Lebenskraftkörpers und die Grundstrukturen eines Sonnensystem sind dieselben – und sie machen sich gegenseitig klarer und verständlicher.

Eine der wichtigsten Erkenntnisse in der Magie ist – wie alle wichtigen Erkenntnisse – sehr schlicht: Die Lebenskraft, mit der in der Magie fast alle Phänomene beschrieben werden, ist keine „halb-physikalische" Kraft oder Substanz, sondern einfach der Übergang zwischen Bewußtsein und Materie.

Diesen Übergang nimmt man vom Bewußtsein her meistens als milchigweißes Leuchten oder als Hitze wahr. Das Bewußtsein und der Körper hängen offensichtlich zusammen – sonst könnte man nicht beschließen, den eigenen Arm hochzuheben und das dann auch erfolgreich tun.

In der Magie wird erforscht und angewendet, in welcher Form das Bewußtsein Zugriff auf die Materie hat: Nur vom eigenen Bewußtsein auf den eigenen Körper oder gibt es da noch mehr Möglichkeiten?

Die Telepathie ist ein Zugriff von einem Bewußtsein auf ein anderes Bewußtsein. Die Telekinese ist ein Zugriff von einem Bewußtsein auf eine Materie außerhalb des eigenen Körpers. Die Astrologie betrachtet die Analogie zwischen dem Planetenstand und dem Charakter eines Menschen.

Da alle diese Magie-Phänomene an dem Übergang zwischen Bewußtsein und Materie stattfinden und die Lebenskraft eben die direkte Wahrnehmung dieses Übergangs ist, ist die Lebenskraft der zentrale Begriff in der Magie.

Alles Verstehen beginnt mit Erleben. Hier folgt daher noch ein Vorschlag für ein verblüffendes Erlebnis:

Stuhl-Versuch

Für diesen Versuch benötigt man fünf Personen. Einer setzt sich auf einen Stuhl, die anderen vier stehen um ihn herum. Die vier Personen halten ihre Hände waagerecht mit den Handinnenflächen nach unten nebeneinander, ballen die Finger zu zwei Fäusten und strecken dann nur die beiden Zeigefinger nach vorne, die dabei einander auf ihrer ganzen Länge berühren.

Dann stecken die vier stehenden Personen ihre Zeigefinger unter die beiden Achseln und unter die beiden Kniekehlen des Sitzenden und versuchen ihn hochzuheben – was mit sehr großer Wahrscheinlichkeit nicht gelingen wird.

Als nächstes legen die vier Stehenden ihre Hände übereinander auf den Kopf des Sitzenden und singen ca. eine Minute lang zusammen einen Ton – einfach ein „a" auf einer beliebigen Tonhöhe. Danach wird das Heben des Sitzenden mithilfe der Zeigefinger wiederholt – was nun mühelos gelingt, da der Sitzende kein Gewicht mehr zu haben scheint.

Sachkenntnis, also das Verstehen der Prinzipien, die einem Vorgang zugrundeliegen, und das Verstehen der Anwendungsmöglichkeiten dieser Prinzipien, führt zu größerer Effektivität.

Erproben, schauen, vergleichen, verstehen, anwenden.

5. Übung

Erfahrung und Übung machen mega-viel aus. Es macht viel aus, ob man eine Bewegung mal gemacht hat und es so gerade funktioniert hat, oder ob man das schon im Blut hat und genau weiß, daß geht so und so und fühlt sich so und so an. Das macht einen Unterschied, wenn ich genau weiß, wie sich das in der Hand anfühlt, und wenn ich genau weiß, welchen Unterschied es macht, wie ich die Finger setze oder ob ich den Daumen gegenüber den Finger oder neben sie setze, wenn ich genau weiß, was macht welchen Unterschied. So was kommt nur durch Übung.

Wenn man das viel übt, dann erweitert sich zum einen dieses Grund-Set an Fähigkeiten, man wird zudem selbstsicherer, dadurch vertraut man diesen Fähigkeiten mehr – und dann kann man auch besser kreativ werden. Wenn ein Hindernis Kreativität erfordert, weil man das noch nie gemacht hat, dann muß man sich überlegen, was man da macht. Man traut sich mehr, sich auf die Techniken zu verlassen, die man schon sicher kann, als auf die, die man irgendwann mal ausprobiert hat.

Es ist wichtig, daß man viele Bewegungen in den aktiven Bewegungsschatz reinbekommt und nicht nur in den passiven, daß man die Bewegungen also nicht nur mal gemacht hat, sondern daß man sie kennt. Dann weiß man, wie man ein neues Hindernis sicher angehen kann.

Es gibt in der Magie Naturtalente, die offenbar von Natur aus große Fähigkeiten haben. Ohne Übung kann jedoch keine Sachkenntnis und keine Routine entstehen.

Allerdings gibt es auch Menschen, die brauchen das offenbar nicht. So hat z.B. meine Urgroßmutter (Davids Ururgroßmutter) dreimal auf der Kirmes, weil sie es unfair fand, daß eines ihrer Urenkel eine Niete gezogen hat, selber ein Los gekauft und jedesmal den Hauptgewinn gezogen. Meine Uroma ist der sturste Mensch, den ich jemals kennengelernt habe: Sie wollte den Hauptgewinn – also hat sie ihn gezogen. Daß die anderen ihr das Prinzip der Lose erklären wollte, war ihr völlig egal – sie wollte einen schönen, großen Gewinn für ihren Urenkel. Das hat sie bei drei Gelegenheiten gemacht.

Sie hatte den starken Willen, den man als Magier gut brauchen kann, und ihr waren jegliche Wahrscheinlichkeitsrechnungen völlig egal. Sie hat auch immer gesagt, daß sie 90 Jahre alt werden will. Folglich hat sie sich dann mit 90 ins Bett gelegt und beschlossen, jetzt zu sterben – was sie dann auch getan hat.

Wenn man weniger stur ist, hilft auch Übung, um zu guten Ergebnissen in der Magie zu kommen. Diese Übung kann auch einfach die Anwendung der Prinzipien der Magie im Alltag sein – „Üben" fühlt sich oft nach „Schulunterricht" an, was ja nicht immer die bestmögliche Motivation ist ... Wenn man sich immer wieder mal einen Parkplatz in der überfüllten Innenstadt wünscht, verlorene Dinge auch mal telepathisch suchen geht oder schwere Dinge mithilfe der Haltung aus dem „Hepp-Versuch" hebt, übt man die Magie auf eine natürliche Weise, die nicht anstrengt, sondern einfach nur schlicht praktisch ist.

Durch diese Übung erwirbt man sich nach und nach eine höhere Konzentrationsfähigkeit, eine größere Imaginationsfähigkeit und einen klarer ausgerichteten Willen – was alles drei nicht nur in der Magie ausgesprochen nützlich ist. Zudem ermöglichen Übung und Erfahrung, neue Situationen schneller richtig einschätzen zu können.

Ohne Übung kann es sein, daß man zwar ein großes Talent hat, aber nichts damit anfangen kann, weil man es nie erforscht hat und folglich auch nicht bewußt nutzen kann. So ist z.B. mein Großvater einmal wegen seiner Knieprobleme zu einer Heilerin gegangen. Als er in ihre Küche kam, wo sie gerade ein Huhn rupfte war, flogen alle Federn auf meinen Großvater zu und blieben an ihm haften. Daraufhin sagte die Heilerin zu meinem Großvater, daß er offensichtlich deutlich größere Kräfte habe als sie und daß sie ihm daher leider nicht helfen kann.

Shaolin-Versuch

Für den „Shaolin-Versuch" wird eine Tischplatte, ein Zaunpfahl oder etwas ähnliches gebraucht, das eine glatte Fläche in ungefähr 1,20m Höhe hat.

Person A legt ihre rechte Faust auf diese Fläche. Person B und Person C ergreifen mit beiden Händen das Handgelenk und die Faust von A und halten sie auf der Fläche fest. Nun blickt A auf seine Faust, die von B und C festgehalten wird, und versucht sie fortzuziehen – vergeblich ...

Jetzt wird die Versuchsanordnung verändert: A wendet sich von B und C fort und blickt in seine linke Handfläche, die er mit leicht angewinkeltem Arm im Abstand von ca. 40cm vor seine Augen hält – und geht einfach fort und zieht B und C mühelos hinter sich her. Bei diesem Versuch ist die Geste, die den Unterschied macht, das Blicken in die eigene Hand und das „sich nicht um die beiden kümmern, die die Faust festhalten".

Die Geste und der Blick allein genügen natürlich noch nicht – man muß sich auch wirklich darauf konzentrieren, daß man jetzt einfach das macht, was man selber will, und daß man ganz wörtlich „den eigenen Weg geht". Der Blick in die eigene Handfläche ist ein Hilfsmittel, um einfacher in die Haltung der souveränen Eigenständigkeit zu gelangen.

Diese Haltung der Eigenständigkeit und der Konzentration auf das, was man selber will, kann man in jedem Lebensbereich brauchen. Das Praktische an diesem Experiment ist, daß es auf so direkte und einprägsame Weise die Wichtigkeit der eigenen Haltung bei dem, was man tut zeigt:

> *„Ich versuch's mal, aber viel Hoffnung habe ich nicht, denn die Hindernisse sind ja so groß ...“*

> *oder*

> *„Da will ich hin – also los!“*

Ohne Übung kommt man nicht zu Erfahrung, Sachkenntnis und Souveränität.

Übung macht den Meister.

6. Übergänge

Wenn man anfängt, dann schaut man erst mal, welche Hindernisse gibt es denn und dann versucht man erst mal, möglichst viele Hindernisse isoliert zu können. Kann ich die Himmelsleiter? Check. Kann ich die Flywheels? Check. Da geht man dann alles durch bis alles so grob funktioniert.

Danach versucht man eine einfache Stage, d.h. man versucht ein paar Sachen, die man kann, hintereinander zu bringen. Die geht man aber immer noch isoliert an, d.h. da ist ein Hindernis, dann kommt die Plattform – da schaltet man dann um, nächstes Hindernis, dann macht man das, nächste Plattform, innehalten, usw.

Irgendwann ändert sich das dann: Du siehst die Stage als Ganzes, Du siehst den Kontext der einzelnen Hindernisse. Dann macht's auch einen Unterschied, ob A vor B ist oder B vor A kommt. Wenn Du aus A rauskommst mit dem und dem Schwung in der und der Richtung und mit so viel Kraft noch übrig, dann gehst Du auf eine bestimmte Weise an das nächste Hindernis dran. Wenn Du Dich selber gut einschätzen kannst, dann weißt Du, wieviel Kraft Du an einer bestimmten Stelle noch hast. Du kannst Dir auch vorher zwei Alternativen überlegen: Wenn sich meine Arme so und so anfühlen, mache ich so – wenn sie sich jedoch so und so anfühlen, mache ich die andere Möglichkeit.

Man kann natürlich auch, wenn die Stage das zuläßt, direkt von einem Hindernis in das andere gehen – daß man z.B. den Schwung aus dem einen Hindernis mit zwei Schritten über die Plattform direkt mitnimmt ins nächste Hindernis. Man verbindet die beiden Hindernisse zu einer einzigen, komplexen Bewegung. Dazu muß man die Fähigkeit haben, die ganze Stage im Kopf zu haben und sich vorher auszumalen, wie sich das anfühlt, und dann das Ganze in der Bewegung einfach abzuspulen. Man kann das auch improvisieren, wenn man das gut genug kennt und dann immer schaut, was als nächstes kommt, und das dann macht.

Bei mir ist es oft so, daß ich mir einen Plan mache, der auch ganz gut funktioniert für so eine Stage, aber dann passiert es mir oft an einer Stelle, daß ich plötzlich einen Move mache, der supergut funktioniert, aber den ich nicht geplant habe, und erst hinterher verstehe, was ich da gemacht habe. Wenn man diesen Ninja-Instinkt entwickelt, passiert das immer häufiger. Dann trägt man z.B. eine Stange nicht mühsam zum nächsten Hindernis, sondern wirft sie – und das gelingt dann ganz einfach und man ist viel schneller. Das hab ich dabei gar nicht gemerkt, sondern erst nachher realisiert, was ich da gemacht habe.

Ich habe z.B. vor dem Wettkampf einen Demo-Run gemacht, damit alle sehen, wie die Hindernisse gedacht sind und was man da tun soll. Im Training macht man das auch, damit alle sehen können, wie die Verbindungselemente aussehen und nicht nur die Bewegungen an den einzelnen Hindernissen – also wirklich das komplette Ding. Da habe ich bei diesem Testlauf 4.45Minuten gebraucht und dann beim Wettkampf habe ich nur 3.50Minuten gebraucht – ich war also eine Minute schneller, obwohl ich gedacht habe, daß man den Lauf unmöglich schneller machen kann. Beim Testlauf habe ich das in dem isolierten Modus gemacht – schön vorsichtig, Hindernis, ankommen, stehenbleiben, nächstes Hindernis. Und im Wettkampf legt man los und geht durch und schaut, bis wo es reicht – diese fließende Variante ist viel schneller.

In der Magie hat man es meistens mit einer einzelnen Aufgabe zu tun: Wo liegt das Laptop, das jemand in Köln verloren hat? Wie kann man die Panikattacke der Freundin auflösen? Wie kann man einen besseren Arbeitsplatz herbeiwünschen? Wie kann man den Selbsthaß des Ratsuchenden auflösen?

Es gibt jedoch auch dabei Übergänge – insbesondere dann, wenn der Weg zu dem Ziel etwas komplexer ist.

Den Laptop telepathisch zu suchen, ist vom Vorgehen her einfach: Man versetzt das eigene Bewußtsein in den Laptop und schaut, was ringsum ist – z.B. ein dunkles, leicht staubiges Regal und ein paar Zeitschriften. Dann schaut man, was rings um dieses Regal ist – z.B. eine Ladentheke. Dann kann man denjenigen, der das Laptop verloren hat, fragen, ob er in einem Zeitschriftenkiosk gewesen ist, und – wenn ja – ihn dorthin schicken, damit er sich dort seinen Laptop abholt.

Bei der Panikattacke weitet man das eigene Bewußtsein auf den Lebenskraftkörper des anderen aus und lenkt einen Teil der Lebenskraft, die sich in dessen Drittem Auge (zwischen den Augenbrauen) staut, nach unten in das Hara (unter dem Nabel). Wenn man die Neigung zu solchen Panikattacken jedoch grundsätzlich heilen will, ist dies ein langer Prozeß, der aus vielen Schritten besteht, die aufeinander aufbauen und allmählich ineinander übergehen.

Den besseren Arbeitsplatz kann man herbeiwünschen, indem man sich diesen Arbeitsplatz vorstellt und vom Sonnengeflecht (über dem Nabel) aus ca. ein Dutzend milchigweiß leuchtender Lebenskraftschnüre in die Welt aussendet, die dann Verbindungen zu besseren Arbeitsplätzen herstellen. Allerdings wird dieser Zauber effektiver, wenn man zuvor untersucht, warum der Betreffende bisher einen so schlechten Arbeitsplatz gehabt hat und z.B. sein Mangelgefühl, seine Angst oder seine Selbstzweifel heilt.

Bei der Heilung von Selbsthaß steht man offensichtlich vor einer größeren Aufgabe, die einen längeren Prozeß erfordert.

Bei einer Ninja-Stage hat man eine klare Folge von Aufgaben und Bewegungen, die vor einem steht. In der Magie muß man sich diese Folge in der Regel erst einmal suchen, obwohl sie mit etwas Erfahrung offensichtlicher wird. Auch bei dieser Folge wächst ein Schritt aus dem anderen heraus – es sind keine voneinander isolierten Maßnahmen. Daher sind auch hier die Übergänge wichtig, damit der magisch-psychologische Vorgang organisch wird. Da Magie stets vom Bewußtsein ausgeht, gibt es keine Magie ohne Psyche, aber die Magie läßt sich deshalb nicht einfach auf die Psyche reduzieren.

Eine weitere Form der Übergänge entsteht dadurch, daß man in der Magie zunächst verschiedene Methoden lernt: Telepathie, Telekinese, Pendeln, Kartenlegen, Astrologie, Wünschen, Talismane, Beschwörungen, Anrufungen, Heilungen, Beruhigen von Spukhäusern, Leiten von Schwitzhütten, Feuerläufe, Leiten von Familienaufstellungen usw. Diese Liste ist sehr lang. Dabei entsteht nach einer Weile der Effekt, daß man in den neuerlernten Methoden Bewußtseinshaltungen und Phänomene wiederfindet, die man bereits aus anderen Methoden kennt.

Diese Vertrautheit mit der Lebenskraft und ihren Strukturen und Dynamiken wächst immer weiter, wodurch man schließlich aufhört, in Methoden zu denken, sondern stattdessen seine Aufmerksamkeit auf die Strukturen und Dynamiken der Lebenskraft ausrichtet. Dadurch wird man schließlich im Bereich der Lebenskraft wahrnehmungsfähig und handlungsfähig. Dann ist man in der Magie angekommen und kann improvisieren, kann sich sofort auf neue Situationen einstellen und kann bei Bedarf auch eine neue Methode erfinden, weil man vor sich sieht, was in dem betreffenden Fall gerade gebraucht wird – so wie ein Schuster das Loch im Schuh sieht und erkennt, was er tun muß, auch wenn er solch ein Loch noch nie geflickt hat.

Eine spezielle Form von Übergängen gibt es in der rituellen Magie, in der die Imagination der Wünsche und die inneren Prozesse durch Worte und Gesten unterstützt werden. Durch das Ritual wird ein innerer Prozeß äußerlich dargestellt. Solch ein Ritual muß daher wie eine gute Therapie oder wie ein gutes Drama schrittweise und mit einem schlüssigen Ablauf und einem klaren Spannungsbogen aufgebaut sein.

Wenn man in der Magie fähig ist, die Übergänge auf eine passende Weise zu gestalten, erhält die Magie die Eleganz und die Geschmeidigkeit einer springenden Katze. Die Magie erhält dann eine Schönheit und Richtigkeit, die sie effektiv werden läßt.

Diese „Richtigkeit" ist in den magisch-mythologischen Weltbildern der zentrale Begriff: die Ma'at der Ägypter, das Me der Sumerer, das Tashi der Tibeter, das Rita und das Dharma der Inder, das Sidr der Germanen, die Fhirinne der Kelten, das Prawda der Slawen, das Dikaios der Griechen, das Asha der Perser, das Aya der Hethiter, das Tao der Chinesen, das Ho'zhong der Navahos usw. Selbst die Mathematiker und Physiker haben inzwischen diese Qualität entdeckt und nennen sie „Eleganz" – die eleganteste Formel in einer Gruppe vom möglichen Formel-Kandidaten ist in der Regel auch die richtige Formel.

Diese „Richtigkeit" entsteht, wenn alle Teile eines Ganzen zusammenpassen, wenn die Ordnung von der Vielfalt her vielleicht komplex, aber von den Grundstrukturen her schlicht ist – und wenn das Ganze aus einem Guß ist, also wie aus einem einzigen Samenkorn heraus gewachsen ist, wodurch sich die Grundeigenschaften in allen Teilen des Ganzen wiederfinden. Das ist dann die sogenannte „Selbstähnlichkeit".

Das Erreichen dieser Richtigkeit ermöglicht eine Form der Magie, die effektiv ist und zugleich mühelos wirkt. Man könnte dies auch in Analogie zu dem „Ninja-Instinkt" den „Magie-Instinkt" nennen.

Noch einen Magie-Versuch? Bitteschön:

Die Drachenklaue

A streckt seinen Arm nach vorne hin aus. B stellt sich vor ihn, legt seine Hand auf den Ellenbogen von A und versucht den Arm hinunterzudrücken – was ihm sehr wahrscheinlich nicht gelingen wird.

Nun hebt B seinen rechten Arm in die Höhe, ballt die Hand zu einer Faust, streckt den Zeigefinger nach oben und krümmt ihn wie einen Angelhaken und sagt mit Nachdruck: „Drachenkralle!"

Dann berührt er A leicht an dessen Drittem Auge, also an der Stelle zwischen den Augenbrauen, und drückt noch einmal auf den Arm von A – mit vollkommen anderem Ergebnis als zuvor.

Das Handeln wird effektiver, wenn man nicht einzelne, getrennte Elemente ohne Zusammenhang hintereinandersetzt, sondern diese einzelnen Elemente zu einer organischen Einheit zusammenwachsen läßt.

Nicht steife, harte Mechanik, sondern fließende, geschmeidige Eleganz.

7. Effektivität

Wie schon gesagt: Die Bewegung ist dann effizient, wenn sie passend zur Eigenfrequenz ist. Und sie ist dann effizient, wenn man den passenden Schwung nimmt – also möglichst nur einen und dabei auch nur soviel Kraft wie nötig aufwendet.

Anfänger schwingen einmal, um an dem Gerät anzukommen. Dann schauen sie, wie sie hängen: „Ich hänge sicher – sehr gut!" Dann schwingen sie ein zweites Mal vorsichtig, um zu gucken, was da möglich ist. Dann schwingen sie ein drittes Mal, um die Richtung vorzugeben. Dann ein viertes Mal, um Power aufzubauen. Dann ein fünftes Mal, um zu gucken, ob die Power reicht. Und beim sechsten Mal lassen sie dann los und fliegen. Dabei sind dann locker 10, 15 Sekunden ins Land gegangen und man hat nichts getan und nichts erreicht.

Wenn man Übung hat, springt man einmal an das Hindernis, schwingt und schaut, ob das schon reicht, dann schwingt man noch einmal und zieht evtl. beim Hochschwingen die Knie an und streckt die Beine dann, wenn man hinten oben angekommen ist, aus, um noch mehr Schwung holen zu können und läßt dann los. Wenn man das dann noch mit der Eigenfrequenz macht, spart man sich sehr viel Zeit und Energie.

Tatsächlich wird die Effizienz schließlich das Wichtigste überhaupt, würde ich sagen. Ich sag den Leuten immer sehr früh, daß sie versuchen sollen, die Hindernisse zu connecten oder einen Schwung zu sparen. Die Leute glauben immer, daß sie auf Nummer Sicher gehen, wenn sie mehr Schwünge machen, aber das ist Bullshit! Sie denken, sie müssen mehrmals und schneller schwingen, dabei ist es viel schwerer, aber auch effektiver, einmal ein Schwingen wegzulassen.

Wenn ich wegen dem häufigen Schwingen für das Hindernis doppelt so lange brauche, dann kommt mir der Parcour als Athlet doppelt so lange vor, weil ich doppelt so lange brauche wie jemand, der zügig ohne Zusatzschwünge durchgeht. Wenn ich weniger Schwünge brauche, brauche ich weniger Zeit und weniger Kraft und bin dann gegen Ende des Parcours sowohl schneller als auch fitter.

Das muß man aber erst mal verstehen. Man muß schauen, was will der Parcour von mir? Was muß ich machen? Dann muß man das auch durchführen und nicht zwischendurch den Kopf einschalten und doch noch zur Sicherheit noch zweimal mehr schwingen. Man muß das auf die effektive Weise machen und durchziehen – damit man das „sendet", wie man im Ninja-Slang sagt.

Wir waren mal in einem Parcour-Park und da gab's so komische Hindernisse, die waren an Ringen aufgehängt und die hingen auch noch so überkreuz – da mußtest Du schon genau hinsehen um zu verstehen, was da wie schwingt. Einer von uns hat das nicht hingekriegt – der ist da so'n bißchen rumgeeiert.

Ich habe mir das nur von außen her genau angesehen, ich selber hatte es noch nicht ausprobiert. Da hab ich gesehen, daß man sich so und so bewegen muß, denn dann zieht es einen da rüber, und dann hat man einen Schwung und dann muß man das und das machen, um den Schwung zu nutzen, und dann komm man um die Kurve. Dann hab ich ihm das so Kochrezept-mäßig erklärt: „Das und das muß Du machen." Dann bin ich dahin und hab's gemacht und genau so hat's funktioniert.

Da hat der Augen gemacht – ich hab's ja vorher noch nicht gemacht, ich hab's mir nur genau angesehen und ihm dann gesagt, was man da machen muß. Und dann hab ich's zum ersten mal gemacht – und es hat funktioniert. Der konnte das nicht fassen: „Was geht ab, eh? Du hast das genau erklärt, aber noch nie vorher gemacht!"

Wer möchte nicht effektiv sein? Niemand reißt sich darum, sich unnötige Arbeit zu machen, aber es ist manchmal nicht einfach, den effektiven Weg zu finden.

In der Astrologie kann man kaum effektiv werden, bevor man nicht schon wenigstens 100 Horoskope gedeutet hat und einige Jahre lang über die Planeten, die Tierkreiszeichen, die astrologischen Häuser und die Aspekte nachgedacht und sie Schritt für Schritt immer besser verstanden hat.

In der Magie gibt es die Sigillen-Magie, die Pragmatische Magie und die Chaos-Magie, die alle die größtmögliche Effektivität als erklärtes Ziel haben. Die Schlichtheit im Vorgehen ist natürlich ein taktischer Vorteil, aber strategisch gesehen ist es oft von Vorteil, wenn man auch die Magie in einem größeren Rahmen betrachtet und z.B. erkennt, wie eigene Mangel-Gefühle, Ängste und Selbstzweifel die Ergebnisse der eigenen Magie beeinflussen können.

Auch in der Meditation ist es mit der Effektivität nicht so einfach. Zunächst einmal ist kaum jemandem deutlich, was man eigentlich alles mit der Meditation erreichen kann. Dann muß man als nächstes auch noch klar sehen, welche von diesen vielen Möglichkeiten am erstrebenswertesten ist. Weiterhin ist es notwendig zu sehen, ob es evtl. eine bestimmte Reihenfolge von Schritten gibt. Und schließlich muß man dann auch noch herausfinden, welche Meditations-Richtung und welcher Meditations-Stil am besten zu einem selber paßt.

Braucht man vielleicht zunächst noch ein paar mehr Erlebnisse wie eine Astralreise oder einen Feuerlauf, um wirklich zu erkennen, daß es Magie gibt? Oder ist evtl. ein Horoskop notwendig, damit man aufhört, anders leben zu wollen als wie man in Wirklichkeit ist? Möglicherweise weiß man auch nicht, was man eigentlich will und womit man glücklich wäre – dann hilft vermutlich der Kontakt zur eigenen Seele weiter.

Die Effektivität ruht auf mindestens sechs Säulen:

1. Man muß wissen, wer man ist.

2. Man muß wissen, was man will.

3. Man braucht einen möglichst eindeutigen und einsgerichteten Entschluß.

4. Man braucht das Vertrauen, daß das Ziel erreichbar ist.

5. Man braucht Sachkenntnis in dem betreffenden Bereich.

6. Man muß tatsächlich anfangen, den Weg zu dem Ziel zu gehen – wobei es wichtig ist, daß man immer wieder einen Schritt in die richtige Richtung geht, auch wenn man noch nicht den ganzen Weg überblicken kann.

Ob man auf dem Weg zur Effektivität lieber selber sucht, was am besten funktioniert, oder ob man die Anleitung durch einen fähigen Lehrer bevorzugt, ist letztlich eine Stilfrage. Für manche Menschen ist es auch am einfachsten, sich zusammen mit einem oder mehreren Freunden auf die Suche nach einer effektiven Methode zu machen.

Auch in der Magie gibt es Vorgehensweisen, die effektiv sind, und andere, die weniger effektiv sind. Das wird man nach und nach herausfinden oder kann es teilweise auch durch erfahrenere Magier gezeigt bekommen – das wichtigste ist jedoch die eigene Erfahrung und die genaue Analyse dieser Erfahrungen.

Die wichtigste Grundlage der Effektivität ist die klare und zuversichtliche Ausrichtung auf das Ziel. Das läßt sich leicht durch einen Versuch illustrieren:

Smilie-Versuch

Smilie

Für den „Smilie-Versuch" braucht man ein Blatt Papier, auf das der links abgebildete „Smilie" gezeichnet wird. Dieses Blatt mit der Zeichnung wird so an den Rand eines Tisches gelegt, das ein Mensch, der vor dem Tisch steht, dieses Bild (wie links abgebildet) sieht.

Nun stellt sich Person A vor den Tisch und breitet seine Arme nach links und rechts wie ein „T", d.h. wie ein Kreuz aus. A soll bei den folgenden Versuchen seine Arme möglichst in dieser Haltung halten und sie von B nicht nach unten drücken lassen.

Person B stellt sich hinter A und legt ihre rechte Hand auf den rechten Ellenbogen von A und ihre linke Hand auf den linken Ellenbogen von A. A blickt auf den Smilie und B drückt auf die Ellenbogen von A. Nichts passiert – B kann sich auf die Ellenbogen von A aufstützen und seine Füße in der Luft baumeln lassen.

umgekehrter Smilie

Nun wird das Smilie umgedreht (siehe die Abbildung links) und der Versuch wird in derselben Weise wiederholt – und die Arme von A klappen kraftlos nach unten. A ist nicht in der Lage, seine Arme zur Seite hin ausgestreckt zu halten.

Was ist hier passiert? Offensichtlich hat der Blick auf das Bild eine größere Wirkung auf A als der bewußte Entschluß von A, seine Arme oben zu halten. Das innere Bild bzw. das Bild, auf das man blickt und das man folglich in seinem Inneren präsent hat, bestimmt, wieviel Kraft man zu Verfügung hat.

Im Grunde zeigt dieser Versuch dasselbe wie der „Shaolin-Versuch": Wenn man weiß, was man will und davon überzeugt ist, daß man das Ziel erreichen wird, hat man weit mehr Kraft als wenn man ständig an sich selber und an der Erreichbarkeit seines Zieles zweifelt.

Diese beiden Versuche und auch der „Drachenklaue-Versuch" zeigen noch etwas anderes Wichtiges: Wenn man zuläßt, daß man von der Meinung und den Absichten der anderen geprägt wird, hat man schon verloren. Wenn ich wie bei dem „Shaolin-Versuch" nur darauf schaue, daß mich die anderen festhalten, bin ich gefangen. Wenn ich mich wie bei dem „Drachenklaue-Versuch" von einer eindrucksvollen Geste fesseln lasse, ordne ich mich dem anderen und seinem Willen unter. Wenn ich mich wie beim „Smilie-Versuch" in eine hoffnungslose Sicht einsperren lasse, gelingt mir nichts mehr. Das ist unbewußte „Alltags-Selbsthypnose".

Der Schutz dagegen und die Heilung davon ist Eigenständigkeit: „Wer bin ich?" und „Wo will ich hin?" und „Los geht's!".

Mit dieser Haltung schafft man auch Dinge, die unmöglich scheinen – das ist Magie.

Das Streben nach Effektivität ist wichtig, um nicht unnötig Kraft und Zeit zu verschwenden und um genau das zu erreichen, was man erreichen will. Dazu braucht man Fähigkeit, Sachkenntnis, Klarheit, Erfahrung und Entschlossenheit, jedoch auch den Überblick über den gesamten Bereich, in dem man handelt.

Effektivität ist die Frucht der sachkundigen Zielstrebigkeit.

8. Kreativität

Ja, Kreativität ist sehr wichtig bei Ninja, denn es gibt nicht den einen vorgeschriebenen Lösungsweg. Es gibt natürlich schon so einen Werkzeugkasten, den man haben sollte, also bestimmte Grundtechniken, die man beherrschen sollte: Man muß springen können, man muß schwingen können, man braucht eine bestimmte Griffkraft – das ist auch nicht schlecht ... so'n paar Sachen ... Wenn man die kann, wenn man diese Fähigkeiten hat, kann man im Prinzip jedes Hindernis lösen, auch wenn man es noch nie gemacht hat.

In der Show hat man ja neue Hindernisse vor sich und neue Leute fragen sich dann da: „Was mache ich da bloß?" Wenn die nicht dieses technische Grundverständnis und die Grundfähigkeiten haben, dann denken die: „O.k., wenn ich da mal durchkomme ..."

Erfahrenen Athleten ist das hingegen krass egal, wenn da ein neues Hindernis ist. Die sehen das, fragen sich, was will das von mir, was habe ich an Fähigkeiten zur Verfügung, was muß ich da machen, was ist die beste Lösung – und dann setzen die das um. Die schauen, was brauche ich an dieser Stelle und was an der Stelle – und dann bauen die diese Bewegungen zusammen und dann funktioniert das.

Bei manchen Hindernissen ist es offensichtlich, was da zu tun ist, aber auch da ist eine gewisse Kreativität möglich. Doch z.B. beim Connecten, also beim Bewegungsfluß über mehrere Hindernisse hinweg – da merkt man genau bei der Show, wer das schon gemacht hat im Training. Als das einer das erste Mal gemacht hat in der Show, hat der seinen Gegner komplett hinter sich gelassen – beim Duell-Parcour. Der eine ist vorgeschwungen, zurückgeschwungen, rübergesprungen – der andere ist mit einem Schwung vor und gesprungen. Der ist dem anderen einfach davongezogen. Das ist auch Kreativität, man sieht, daß das an der Stelle geht – und man braucht dazu natürlich auch eine gewisse Risikobereitschaft.

Da gab's mal in der Show ein neues Hindernis, das war ein waagerechter Teller, der an einer senkrechten Stange hing, die in dem Zentrum des Tellers befestigt war. An den Teller mußte man von einer Stange aus ranspringen und dann weiterschwingen und zur anderen Seite wieder abspringen. Dieser Teller konte schwingen, sich drehen und auch kippeln, aber nicht ganz so böse kippeln, da die Stange recht lang war. Außerdem war auf diesen Holzteller ein äußerer Ring aufgeschraubt, d.h. man konnte leicht reingreifen und hatte ein bißchen Halt.

Und alle sind gesprungen. Das ist jedoch ziemlich widerlich, denn diese Teller haben das Problem, daß sie sofort zur Seite schwingen, wenn Du mit einer Hand ein kleines bißchen früher drankommst als mit der anderen – Du mußt also mit beiden Händen perfekt gleichzeitig zugreifen – sonst kippt Dir der Teller weg. Und Du muß ihn auch genau seitlich packen, sonst kippt er Dir nach vorne weg oder auf Dich zu – also mußt Du beide Seiten genau gleichzeitig und genau an der Seite, also rechts und links neben der Achse greifen. Das ist echt lästig!

Ich selber hab keinen Bock auf Sprünge – ich mag das nicht! Also: Es geht, ich kann es, aber ich mag es nicht.

Daher hab ich Folgendes gemacht: Ich bin an der Stange geschwungen, hab das Ding mit einer Hand gegriffen, hab es zu mir gezogen, hab dann mit beiden Händen gegriffen, bin geschwungen und dann gesprungen und raus aus dem Hindernis auf die Plattform. Das hat funktioniert. Ich hab extra vorher noch den Schiri gefragt, ob ich da auch hangeln kann. „Hä? Wie willst Du das machen? Das geht doch nicht!" – „Darf ich oder darf ich nicht?" – „Du darfst immer ..." Das war dann eine kreative Lösung – da haben alle große Augen gemacht. „Was ist das denn?"

Mir ist es einfach lieber, etwas mit Griffkraft zu machen als so heikle Sprünge zu machen, bei denen so viel schiefgehen kann. Das ist auch Kreativität – die Dinge auf die eigene Art zu machen. Das ist dann der eigene Stil – das ist angewandte Kreativität, die mir das Leben leichter gemacht hat. Wenn Du da dran springst, schwingst Du anschließend auch noch dreimal, um genügend Schwung zu bekommen, aber wenn Du den Teller zu Dir her ziehst, und dann von der Stange aus schwingst, hast Du soviel Schwung, daß Du gleich beim ersten mal rüberschwingen und abspringen kannst – durch Kreativität Kraft und Zeit gespart ...

Kreativität ist auch für einen Ninja-Trainer nicht schlecht. Ich habe manchmal auch Schulklassen unterrichtet. Da bin ich einmal in eine Turnhalle gekommen und habe gleich gesehen, daß es in dieser Klasse viele Chaoten und viel Tumult gibt. Da hab ich gemerkt, daß ich die gleich gepackt kriegen muß, sonst habe ich verloren und kann den Unterricht völlig vergessen.

An der Seite der Turnhalle war in 3-4m Höhe eine Zuschauertribüne, von der aus die Eltern ihren Kids bei Veranstaltungen zusehen konnten. Da hab ich Anlauf genommen und bin die Wand hochgerannt und hab mich oben auf das Geländer vor der Tribüne geschwungen und hab mich dort oben hingesetzt – wie bei der Megawall.

Die Halle war auf einmal mucksmäuschenstill und alle haben nur auf mich geschaut. Danach war der Turnunterricht, d.h. das Ninja-Training in der Schule einfach. Die haben mich akzeptiert und als Lehrer anerkannt und wollten auch lernen, Wände hochzulaufen.

Auch in der Magie braucht man als erstes einmal das Verstehen der Strukturen und der Dynamik der Magie, d.h. der Lebenskraft. Als nächstes braucht man Übung und Erfahrung, woraus sich die Sachkenntnis ergibt. Dann kann man kreativ werden, weil

man den Bereich kennt. Man betrachtet nicht mehr eine einzelne Methode wie eine Talisman-Weihung, eine Familienaufstellung oder einen Feuerlauf, sondern man schaut auf die anstehende Aufgabe innerhalb der Möglichkeiten der Magie – und entscheidet sich dann für den Weg, den man zu diesem Ziel gehen will. Diesen Weg ist man möglicherweise schon oft gegangen, aber möglicherweise hat man ihn auch gerade eben erst erfunden.

In den fernöstliche Kampfsportarten wie Karate oder Shaolin Kung Fu gibt es eine Regel: „Übe im Training die Bewegungsabläufe streng nach den Regeln, aber handle im Kampf der Situation angemessen, unvorhersehbar und kreativ.“

Durch Sachkenntnis und vielfältige Erfahrung wird man im Bereich der Lebenskraft wahrnehmungsfähig und handlungsfähig und kann dann ohne jede Methode aus der augenblickliche Situation heraus effektiv handeln. Dieses kreative Handeln erscheint dann sehr direkt und zugleich sicher sowie mühelos und fließend. Es ist die Einheit des eigenen Willens mit der Situation.

Karate

Man legt einen morschen Ast oder einen dünnen Holzstab mit seinen beiden Enden so auf zwei Stuhllehnen oder in die Astgabeln zweier Bäume, daß der Stab vor einem waagerecht auf Bauchhöhe liegt. Dann schlägt man mit der Handkante auf den Stab. Wie fühlt sich das an?

Dann nimmt man einen zweiten, gleichen Stab und schlägt mit der Handkante zu einer Stelle 20cm unterhalb des Stabes und ignoriert den Stab so, als wenn das nur eine Spinnwebe wäre. Fühlt sich das anders an?

Dann nimmt man schrittweise etwas dickere Stäbe.

Der wesentliche Punkt ist wieder, daß man sich bereits vor dem Schlag vorstellt, daß der Stab zerbrochen ist oder überhaupt nicht da ist oder nur eine Spinnwebe ist. Die Imagination des erreichten Zieles führt das Erreichen des Zieles herbei.

Sachkenntnis führt zu einem freien und kreativen Handeln, das effektiver ist als das Handeln nach Regeln.

**Von dem Suchen und dem Entdecken der Vielfalt durch den Lehrling
über das Üben und die Erfahrung des Gesellen
zu der schlichten Effektivität und Schönheit des Meisters.**

9. Positives Denken

Das „Positive Denken" nennt man im Ninja „Commitment". Das ist die Überzeugung, daß man das kann und daß man das jetzt macht. Das ist sauwichtig.

Wenn ich vor einem Hindernis stehe und denke: „Ach Du Scheiße! ... Na gut, das wird schiefgehen ...", dann wird das fast immer schiefgehen. Ich hab aber tatsächlich auch schon Hindernisse geschafft, in die ich mit dieser Einstellung rein bin, aber man fühlt sich dabei wahnsinnig unwohl – und das funktioniert nicht gut. Ich halt's für sinnvoller, von einem Hindernis erstmal einen Plan zu haben und erst mal davon auszugehen, daß man das schafft.

Ich habe auch schon mal gedacht, daß ich bei einem Parcour bis zu einem bestimmten Hindernis komme und habe das dann auch bis da durchgezogen. Ich dachte, wenn ich bis da komme, dann paßt das schon ... Und dann stand ich vor dem letzten Hindernis und hatte keinen Plan und wußte nicht, was ich machen soll ... Und dann da stehen und nachzudenken, das bringt's nicht – da ist es besser, einen Plan für die ganze Hindernis-Folge zu haben.

Ich hab bei einem Lauf immer vorher einen Film im Kopf: So und so soll das aussehen. Und dann läuft man los und spult den Film ab.

In einem englischen Magie-Lehrbuch stand in einem Ritual der denkwürdige Satz „This is my magic wand – I hope it works.", also „Dies ist mein Zauberstab – ich hoffe, er funktioniert." Bei soviel Zweifeln, Mangel an Überzeugung und fehlender Ausrichtung auf das Ziel kann der Zauber ja nur noch scheitern ...

Das positive Denken ist in der Magie das A und O. Das als erreicht visualisierte Ziel führt das Erreichen des Zieles herbei. Die visualisierte Absicht lenkt die Lebenskraft.

Man kann ganz allgemein sagen, daß Magie angewandtes positives Denken ist. Der Wille und die inneren Bilder sind stets auf das ausgerichtet, was man erreichen will.

Oder – um es einmal im chinesischen Stil zu sagen: „Der Drache folgt der Wunschperle." Die Wunschperle ist das Bild des Ziels im „Dritten Auge" (Chakra zwischen den Augenbrauen) und der Drache ist die Lebenskraft oder die Kundalini-Schlange.

Die Chakren sind sozusagen die Organe des Lebenskraftkörpers und der Fluß der Kundalini durch den Körper ist die Lebenskraft, die durch die „Lebenskraft-Adern" fließt – also die Lebenskraft-Entsprechung zu dem Blutkreislauf.

Man kann das positive Denken auch noch auf ein höheres und allgemeineres Niveau bringen und zu Selbsttreue verwandeln. Das bedeutet, daß man stets das will, fühlt, denkt, sagt und tut, was die eigene Wahrheit ist – völlig egal, was das ist, wie oft sich das ändert und was die anderen davon halten mögen. Auf diese Weise entsteht ein kraftvolles Strahlen, das jeder spüren kann: Die eigene Seele, also die eigene Essenz im Herzchakra strahlt ungehindert durch die Psyche in jede Haltung und Handlung. Dann ist man im Einklang mit sich selber und hat keinen Mangel, keine Ängste und keine Zweifel mehr in sich, die die eigene physische Kraft und die eigene Lebenskraft beeinträchtigen könnten.

Dann beginnt auch eine neue Form der Magie, bei der man nicht mehr zu zaubern braucht – das eigene Leben wird wiederverzaubert, weil die äußeren Erlebnisse im Einklang mit der eigenen Essenz stehen. Schließlich führen die inneren Bilder „per Magie" die äußeren Ereignisse herbei – und wenn die inneren Bilder ein vollkommener Selbstausdruck sind, werden es auch die äußeren Erlebnisse sein.

Das kann man natürlich nicht beweisen, sondern nur anstreben, ausprobieren und erleben ...

Über Wasser gehen

Karate funktioniert am besten, wenn man sich vorstellt, daß es gar kein Hindernis gibt, das man zerschlagen muß, sondern daß man einfach nur durch die Luft schlägt. Das ist bei einem Holzstab noch recht einfach, bei einem Backstein wird das schon problematisch, aber über Wasser gehen?

Um zu verstehen, was dabei passiert, kann man einen einfachen Versuch durchführen. Man stellt sich innerlich bildlich vor, daß Christus gerade die „Speisung der Fünftausend" vollbracht hat, sich zum Meditieren auf einen Berg zurückgezogen hat und seine Apostel schon mal im Boot über den See Genezareth an das andere Ufer vorausgeschickt hat. Schließlich kommt Christus wieder von dem Berg herab und man stellt sich vor, neben ihm her zu laufen. Dann kommt Christus ans Ufer und geht einfach über das Wasser weiter zu dem Boot mit den Aposteln.

Nun spürt man in Christus hinein – in welchem Bewußtseinszustand ist er dabei? Wenn sich das passend anfühlt, kann man dann auch mit dem eigenen Bewußtseins in Christus hineinwechseln, um den „Geschmack" und den „Klang" dieses Bewußtseins, in dem man über Wasser gehen kann, deutlicher wahrnehmen zu können und um diesen „Geschmack" in sich aufzusaugen.

Bevor man nun in der nächste Ninja-Stage an den Hindernissen an den Hindernissen „über das Wasser läuft", kann man sich zuvor einmal in den Bewußtseinszustand, den Christus bei seinem „über Wasser gehen" hatte, versetzen. Welche Wirkung mag das wohl haben?

Man kann für dieses Experiment natürlich genausogut ein Wunder von Buddha, von

Milarepa, einem islamischen Sufi oder einem indianischen Schamanen nehmen. Die Beispiele aus der Bibel sind lediglich deshalb praktisch, weil die hierzulande am bekanntesten sind. Unter anderem ist auch von dem indischen Yogi Naropa, der vor 1000 Jahren gelebt hat, bekannt, daß er über Wasser gelaufen ist.

In dem „Sholin-Versuch", dem „Drachenklaue-Versuch" und dem „Smilie-Versuch" strebt man danach, sich nicht von anderen beeinflussen und einengen und kleiner machen zu lassen – das ist das Vermeiden des Ungewollten.

Das Beispiel des „über Wasser Gehens" zeigt, wohin die klare Ausrichtung auf die eigenen Ziele letztlich führen kann – das ist das Anstreben des Gewollten. Man kann das auch als die Verbindung von Urvertrauen und Selbstgewißheit ansehen.

Natürlich reicht dieses innere „neben Christus über Wasser gehen" nicht aus, um sofort Wunder vollbringen zu können, aber es kann einem die Haltung und das Bewußtsein zeigen, aus dem heraus so etwas möglich wird.

Die Vorstellung, das Ziel zu erreichen, fördert das Erreichen dieses Ziels ganz beträchtlich.

Die äußeren Ereignisse folgen den inneren Vorstellungen.

10. Konzentration

Es ist wichtig, das alles konzentriert anzugehen. Man muß das natürlich wollen, daß man da durchkommt, aber es ist auch wichtig, daß man immer genau im Moment bleibt und spürt, was jetzt gerade dran ist – und daß man nicht schon in Gedanken bei dem nächsten Hindernis ist.

Wenn ich durch ein Hindernis fast durch bin und mich freue, daß ich's geschafft habe und dann schon zum nächsten Hindernis schaue, dann geht bei den letzten Bewegungen etwas schief, weil ich nicht mehr ganz auf das Hindernis konzentriert bin, in dem ich gerade bin.

Also eins nach dem anderen und nicht irgendwas überspringen und stets erst nach dem Ende des Hindernisses schauen, was als nächstes ansteht.

Die Konzentration ist auch in der Magie ein wichtiges Element. Wenn die Konzentration auf das visualisierte Bild groß ist, ist auch die magische Wirkung groß. Die Konzentration ist sozusagen die „Briefmarke" auf dem telepathischen Brief, der bestimmte Dinge ins eigene Leben holen soll. Wenn der Brief ausreichend frankiert ist, kommt er auch an – wenn er als Expreßbrief noch ein paar Briefmarken mehr erhalten hat, ist er noch schneller.

In der Magie ist es hilfreich, wenn man versteht, wie Konzentration entsteht: Am Anfang steht ein Bedürfnis. Daraus ergibt sich die Motivation, dieses Bedürfnis zu erfüllen. Wenn diese Motivation ohne Widerspruch zu den anderen Motivationen ist, ist sie eine einsgerichtete Motivation. Daraus ergibt sich die entschiedene und eindeutige Ausrichtung auf das Ziel als natürliche Haltung. Das ist dann wiederum die vollständige Konzentration, d.h. die Einsgerichtetheit.

Mit dieser Einsgerichtetheit ist ein bestimmter Bewußtseinszustand verbunden, der manchmal „Ekstase" genannt wird. Man kann ihn einem klar ausgerichteten Laserstrahl vergleichen – im Gegensatz zu dem flackernden Kerzenschein der meisten normalen Bewußtseinszustände. Diesen Zustand erlebt man als ein Erfülltsein von einer inneren Wärme, als eine grundlose Freude, als ein Strahlen, als eine Mühelosigkeit, als eine bis zum eigenen Wesensgrund hinabreichende Richtigkeit ...

Diese Einsgerichtetheit hat ein klares Ziel oder eine klare Ausrichtung, eine klare Absicht – und man geht sozusagen hemmungslos in genau diese Richtung.

Dieser Zustand ist immer genau im Hier und Jetzt – aber das schließt keineswegs aus, daß man auch das Große Ganze sieht. Man ist idealerweise aus der Bewußtheit über das Große Ganze heraus im Hier und Jetzt.

Diese Einsgerichtetheit gibt dem Handeln die größtmögliche physische Kraft und dem visualisierten Wunsch die größtmögliche magische Kraft.

Diese Einsgerichtetheit erscheint in der Magie mit verschiedenen Grundlagen: als „wünschen und vergessen", als „wünschen und vertrauen" oder als schlichtes „entscheiden".

Oder, um mit Meister Yoda zu sprechen: „Tue es oder tue es nicht. Es gibt kein Versuchen."

Feuerlauf

Man kann diese Einsgerichtetheit auf verschiedene Weisen kennenlernen: durch erfüllenden Sex, durch Angst, durch Schmerz, durch tiefe Meditation usw.

Eine einfache und effektive Methode ist die Teilnahme an einem Feuerlauf. Dort kann man barfuß über glühende Kohlen gehen, die 700°C bis 800°C heiß sind – obwohl bereits bei 300°C jedes Schnitzel anbrennt ... Man kann auch kreativ werden und in der Glut stehenbleiben, sie mit den Händen nehmen und sie in die Luft werfen, sich nackt in die Glut legen, mit Glutstückchen Kirschkernspucken spielen, einige Glutstückchen aufessen – obwohl das kein kulinarischer Genuß, sondern ziemlich trocken ist.

Wenn man erleben will, daß man Naturgesetze auch mal erfolgreich ignorieren kann, ist der Feuerlauf das geeignetste Experiment.

Das ist alles wirklich möglich – ich habe alles selber ausprobiert, was ich eben aufgezählt habe.

Konzentration lenkt die Lebenskraft und macht große sportliche Leistungen und große magische Wirkungen möglich.

Einsgerichtetheit kann Naturgesetze außer Kraft setzen.

11. Imagination

Ich weiß nicht, ob man das visuell machen muß – ich mach das visuell, weil ich eigentlich komplett bildlich denke. Ich habe gehört, daß das manche Menschen anders tun, aber das kann ich mir natürlich nicht vorstellen, wie das aussieht, wie man das macht, aber es scheint da auch andere Möglichkeiten zu geben.

Wichtig ist, daß man das spürt oder sieht oder was auch immer, was da kommt. Ich versuche immer am Start eines Parcours das Gefühl zu haben, daß ich das nicht zum ersten Mal mache, was da vor mir liegt. Ich überlege mir vorher genau, wie das aussehen soll, was ich da mache. Das geht bis ins Detail: Wie fasse ich die Leiste an? Was hat die für einen Grip? Was ist mit diesem Seil? Was macht die Stange? Schwingt die? Dreht die sich? Lauter solche Sachen ... Wenn ich das alles schon im Gespür habe, dann kann ich dann nachher diesen Film ablaufen lassen – was natürlich nur geht, wenn das technische Grundverständnis da ist, wenn ich schon vorher weiß, was das Hindernis mit mir macht.

Ich sehe also, welches Hindernis da ist, welchen Raum ich für Bewegungen habe, wie ich die Bewegungen zusammenbauen kann, wie ich da kreativ werden kann – und ich schreibe sozusagen das Drehbuch für den Run im Vorraus. Ich habe den fertigen Film im Kopf und weiß, so und so fühlt sich das an.

Es ist wichtig, daß ich diesen Film habe, aber ich denke dann nicht an ihn – es ist natürlich nicht so, daß ich ihn vergesse – aber ich bin dann bei dem Run ganz im Augenblick, also ganz bei dem Hindernis, in dem ich gerade bin. Ich lasse mich von meinem Film leiten, aber ich konzentriere mich nicht auf den Film, sondern auf das Hindernis.

Und wenn ich dann mal merke, daß der Film nicht paßt, dann ändere ich mein Verhalten, meine Bewegungen. Dann mache ich es doch anders, wenn ich merke, daß der Film an dieser Stelle Scheiße war.

Aber dieser Film muß da sein, der muß irgendwo archiviert sein – wenn ich ohne den starte ... puh! Geht auch – aber ist bei weitem nicht so effizient.

Imagination gibt es auch im Detail. Im Parcour-Training war mal jemand, der immer wieder einen bestimmten Sprung über ein Hindernis versucht hat und der ihm einfach nicht gelungen ist.

Da habe ich ihm geraten, daß er sich vor das Hindernis setzt und sich vorstellt, über das Hindernis zu springen, und daß er das so lange macht, bis er jeden Handgriff, jede Körperspannung, jede Bewegung genau spürt. Das hat der dann eine ganze Weile gemacht und ist dann gesprungen – und es klappte mühelos.

Wenn ich selber bei einem Lauf gegen Ende völlig fertig bin und noch mal an eine

Querstange springen muß, dann stelle ich mir vor, statt zwei Händen zwei „Hand-Haken" zu haben – oder was auch immer meine Hände gerade für eine Form an dem Hindernis vor mir brauchen. Das geht zwar nicht endlos, aber es hilft doch sehr. Ich sag dann zu mir selber: „Lieber Körper, Du kriegst das schon gebacken! Flieg mich einfach mal dahin!"

Die Konzentration auf eine Imagination, also auf eine Visualisierung, ist das Kernstück der Magie. Das, worauf man sich dabei konzentriert und was man visualisiert, kann sehr vielfältig sein – so wie das in jedem Lebensbereich ist, wenn man ihn detaillierter kennenlernt und mit Sachkenntnis handeln kann.

In der Magie werden Ziele visualisiert, Symbole, Gottheiten, der Fluß der Lebenskraft, Silberschnüre (Lebenskraft-Verbindungen), Chakren (Lebenskraft-Organe), Akupunktur-Punkte und vieles mehr. Manchmal werden diese Dinge durch Visualisierungen aufgebaut, manchmal auch aufgelöst.

Je besser man die Strukturen und Dynamiken der Lebenskraft kennengelernt hat, desto vielfältiger, spezieller und gezielter – und daher auch effektiver – werden auch die Visualisierungen.

Es gibt zwei Dinge, die bei der Visualisierung wichtig sind, weil sie den Lauf des eigenen Lebens prägen:

Das erste ist die Wichtigkeit, sich nicht in die Bilder von anderen hineinziehen zu lassen, weil man dann deren Willen und deren Vorstellungen folgt – wie unter anderem der „Smilie-Versuch" zeigt.

Das zweite ist die Wichtigkeit, die eigenen Ziele zu imaginieren und sie sich zum einen detailreich, aber vor allem auch immer mit der erwünschten Grundqualität vorzustellen. Wenn man z.B. eine neue Wohnung braucht, sollte man sich einerseits die Details der Wohnung wie „billig", „hell", „ruhig", „geräumig" usw. vorstellen, aber alle diese Details stets vor dem Hintergrund des „sich in der neuen Wohnung rundum Wohlfühlens" zu visualisieren. Die Qualität, die entsteht, wenn man sein Ziel erreicht hat, sollte stets alle Details der Visualisierung durchdringen und erfüllen – dann wird die Wunscherfüllung „organisch" und „rund" und „genußvoll". Wenn man nur „technisch" wünscht und das Gefühl fortläßt, das man eigentlich erreichen will, erhält man auch ein „technisches" Ergebnis, in dem sich dann allerlei Störendes findet, an das man bei der Detail-Visualisierung nicht gedacht hat (wie z.B. bei dem Wohnungswunsch „feucht") – weil die Grundqualität, die das Fundament und der Zusammenhalt und die Ausrichtung all der vielen Details ist, gefehlt hat.

Dank

Christus macht immer wieder etwas, was auf den ersten Blick völlig absurd aus-sieht: Er bedankt sich z.B. erst bei Gott für dessen Hilfe und sagt dann zu dem toten Lazarus: „Erhebe Dich!“ Christus vertraut derart vollkommen auf Gottes Hilfe, daß er ihm erst dankt und dann seine Bitte ausspricht, d.h. sein Wunder vollbringt. Noch mehr Vertrauen und Einsgerichtetheit als das Danken dafür, daß man jetzt gleich einen Toten ins Leben zurückholen wird, ist kaum noch denkbar ...

Das ist auch bei den Indianern üblich – sie danken zunächst Manitou dafür, daß er helfen wird, und sprechen dann ihre Bitte aus. Oder auf das Ninja übertragen: Zu Beginn des Laufes innerlich Gott (oder Buddha, Isis oder wen auch immer man pas-send findet) dafür danken, daß man den Buzzer drücken wird – und dann loslaufen.

Dieses Vorgehen ist auch eine einsgerichtete Form der Visualisierung, in der kein Zweifel an der Erfüllung des Visualisierten mehr vorhanden ist – der Gipfel der „magischen Gewißheit“.

Die Visualisierung des Laufes beim Ninja und des Zieles in der Magie leiten die anschließenden Ereignisse im Sinne der imaginierten Bilder.

Das innere Bild lenkt die Ereignisse.

12. Selbstvertrauen

Selbstvertrauen ist natürlich wichtig. Wenn man am Anfang von so einer Stage steht und sagt „Ich kann das, ich mach das." und es überhaupt nicht die Frage ist, „Wie weit komme ich denn?" oder „Was kann ich denn?" oder „Was denken denn die anderen, wenn die den Lauf sehen?" oder „Oh Mann! Diese ganzen Kameras!", wenn man also ganz darauf konzentriert ist, daß man jetzt diesen Parcour macht und fertig, dann geht es am besten.

Man muß sich ganz darauf konzentrieren, ganz bei sich sein: „Ich – Parcour – machen – Ende." Dann funktioniert es am besten.

Klar – man muß erst mal üben und Erfahrungen sammeln, damit man dann das Selbstvertrauen auch hat … da muß man erst einmal hinkommen. Aber dann geht's richtig los!

Selbstvertrauen ist auch in der Magie wichtig – wie sollte man sonst z.B. eigenständig prüfen können, ob eine Methode funktioniert oder nicht oder wie man sie verbessern könnte? Es ist generell hilfreich, Selbstvertrauen zu haben, da es sonst schwierig wird, einfach das zu tun, was man will – z.B. als Mann einen langen Bart oder lange Haare zu haben oder auch mal barfuß durch die Stadt zu laufen. Auch bei der Berufswahl, dem Wohnort, den Beziehungen und generell der Lebensweise ist die Fähigkeit, einfach mal das zu tun, was man will, ausgesprochen hilfreich.

Es zeigt sich auch immer wieder, daß man dann, wenn man etwas Ungewöhnliches selbstsicher tut, Anerkennung für den eigenen Mut findet – und daß man, wenn man genau dasselbe mit Zweifeln an sich selber tut, eine Menge Kritik und Spott erntet. Selbsttreue, Selbstvertrauen, Selbstbewußtsein, Selbstsicherheit und Selbstliebe hängen alle eng miteinander zusammen.

1977 habe ich im Zusammenhang mit der Schleyer-Affäre ein paar Monate als Aushilfe im Bundespresseamt gearbeitet – mit langen Haaren und Stirnband unter lauter biederen Beamten. Anfangs haben mich alle ziemlich schief angeschaut, aber als sie gemerkt haben, daß ich fleißig und hilfsbereit war, hat das schließlich niemanden mehr gestört und ich habe von allen Aushilfen die längste Job-Verlängerung bekommen.

Man kann die Wirkung von Selbstsicherheit auch im Sport allgemein beobachten. Man kann z.B. beim Fußball sehen, welche Mannschaft gewinnen wird: Das ist die

Mannschaft, die gewinnen will, und nicht die, die nur eine Niederlage vermeiden will.

Die Sushumna

Im Yoga und in der Meditation ist der Lebenskraft-Strahl, der vom Herzchakra in der Mitte der Brust nach oben bis zum Scheitel und nach unten bis zu den Genitalien reicht, ein sehr wichtiges Element. Man kann ihn als das Rückgrat des Lebenskraft-körpers ansehen.

Wenn man einmal aus irgendeinem Grund nervös (vor der RTL-Ninja-Show?), verwirrt oder ängstlich sein sollte, kann man in seinem Körper einen milchigweiß leuchtenden Lichtstrahl visualisieren, der von den Genitalien bis hinauf zum Scheitel reicht – das ist schon alles. Die Wirkung davon ist immer wieder beeindruckend.

Wenn man nicht warten will, bis man mal wieder nervös oder im Streß ist, um die Wirksamkeit dieser Imagination zu testen, kann man auch den folgenden Versuch durchführen: A stößt B gegen die Schulter und schaut, wie B darauf reagiert: Schwankt er, stolpert er, tritt er einen Schritt zurück oder fällt er gar um?

Dann stößt B gegen die Schulter von A und beobachtet dessen Reaktion.

Nun visualisiert B den Lichtstab in seinem Körper und wenn er fertig ist, stößt A wieder B gegen die Schulter und vergleicht die Reaktion mit der ersten Reaktion „ohne Lichtstrahl".

Zum Schluß visualisiert auch A den Lichtstab in sich und B stößt A gegen seine Schulter und schaut nach seiner Reaktion.

Diese Visualisierung läßt sich vielfältig verwenden: als Vorbereitung für einen Sprung, für ein Referat, für eine Balance-Übung, für einen Judo-Wettkampf, für die Forderung nach einer Gehaltserhöhung, für ein schwieriges Gespräch, für einen Bühnen-Auftritt usw.

In der Magie findet sich dieser Lichtstab auch als „Weltenbaum", „Mittlere Säule" und noch unter einigen anderen Namen mehr.

Aufrichtigkeit und Selbsttreue führen zum einen dazu, daß man das macht, was man will, und zum anderen auch dazu, daß es einem auch gelingt, diese Dinge erfolgreich zu tun. Dafür muß man ganz dazu stehen, was man tut, also sich dafür entscheiden und es dann mit aller Kraft durchführen. Also: Machen, was man will – und keine halben Sachen tun.

Der aufrechte Lichtstab fördert das Selbstvertrauen.

13. Atem

Der Atem ist ein wichtiges Thema. Es ist superwichtig, im Parcour die Atmung im Griff zu haben. Wenn man da am Anfang die Luft anhält und sich komplett auf die Bewegung konzentriert, dann hält man das so 30 Sekunden lang durch und dann sind die Arme blau. „Blau" heißt, daß die sauer sind, daß da Laktat drinne ist und daß Du die Muskeln eigentlich nicht mehr gebrauchen kannst. Das ist dann dieser „Instant-Muskelkater". Dann werden die Muskeln total hart und dick und Du kannst die nicht mehr gescheit benutzen, denn die brauchen bestimmte Stoffe, um ihren Job zu machen, und die brauchen es, daß Du atmest, damit da Sauerstoff hinkommt. Der Sauerstoff wird bei der Bewegung schnell verballert und die Muskeln brauchen dann Nachschub.

Es gibt tatsächlich einen Athleten – das habe ich einmal gesehen in der Show – der hat sich auf die Hand ein „A" geschrieben. Der hat den Parcour durchgezogen, der hat's geschafft und der wurde dann im Interview gefragt: „Sag mal, was soll das da mit dem 'A' auf Deiner Hand?" Da meinte der: „Das steht für 'Atmen'." Da haben auch erst mal alle gelacht. Da meinte der: „Das klingt jetzt absurd – ja klar!"

Aber wenn man in so einem Parcour ist und komplett konzentriert ist, da vergißt man das. Da machst Du eine Bewegung nach der anderen und wenn Du dann zu atmen vergißt, hast Du ganz schnell keine Kraft mehr. Und dann wirst Du noch konzentrierter, aber das bringt Dir nichts – Du mußt einfach nur atmen.

Und es ist wichtig, sich auf das Ausatmen zu konzentrieren – das Einatmen machst Du dann schon von selber. Also nicht immer mehr einatmen und es kommt keine Luft wieder raus – dann kommt auch kein Sauerstoff mehr nach – sondern immer komplett ausatmen. Daß sich die Lunge dann wieder füllt, das kommt dann von alleine.

Bei machen heftigeren Moves, wo man viel Schwung braucht, gibt es bestimmte Punkte, an denen man atmen kann, und andere Punkte, da kann man das nicht. Wenn man komplett in der Anspannung ist und dann ausatmen will – das funktioniert nicht.

Also z.B. bei der Riesenfelge: Wenn man da gestreckt komplett hochgeht und um die Reckstange pfeift – das ist jetzt zwar nicht wirklich Ninja, aber Schwungtechnik – da kannst Du nur beim Abschwung die Lunge richtig leerballern. Das pfeift dann richtig. Da werde ich immer gefragt: „Was ist das? Was sind das für komische Geräusche?" Wenn ich dann sage: „An den Punkten kann ich am besten ausatmen.", dann gucken die Leute auch immer erst mal ein bißchen doof ...

Gestern habe Ich z.B. einen Sprung gemacht, von einem Ring an eine Fingerleiste, die sich dann dreht – die war ziemlich weit entfernt, 3m oder so was – da hab ich Schwung geholt und dann beim Fliegen durch die Luft noch mal ausgeatmet, damit ich dann mehr Kraft habe beim Greifen. Wenn Du eingeatmet hast, hast Du auch eine andere Körperhaltung – die ist zum Greifen nicht so praktisch.

In der Magie und in der Meditation ist der Atem ein wichtiges Hilfsmittel. Die Lenkung der Lebenskraft wird in sehr vielen Fällen an den Atem gekoppelt.

In der Regel stellt man sich beim Einatmen vor, Lebenskraft aufzunehmen, und diese Lebenskraft dann beim Ausatmen an den gewünschten Ort zu lenken. Dies kann ein Teil des eigenen Körpers sein, eins der eigenen Chakren (Lebenskraft-Organe), die Verbindung zu einem anderen Menschen („Silberschnur") oder auch ein Gegner im Kampfsport. In den meisten Fällen wird durch diese Lebenskraft-Lenkung eine Stärkung bezweckt – im Kampfsport aber z.B. auch eine Verstärkung des eigenen Schlages.

Die grundlegende Methode solcher Schläge hat zwei Aspekte: den entspannten Muskel und die Lenkung des Atems. Die Bewegung des Armes ist wie das Einschlagen eines Nagels oder wie das Knallen mit einer Peitsche: entspannt und schwungvoll, aber erst im letzten Augenblick mit Kraft. Dabei wird mit dem Ausatmen die Lebenskraft imaginativ durch den Arm in die Faust oder in die Handkante gesendet. Diese Methode wird von Bruce Lee „one inch punch" und im Systema „whiplash" genannt.

Generell wird in den fernöstlichen Kampfsportarten wie z.B. im Shaolin Kung Fu oder im Karate sowie im russischen Systema die physische Handlung fast immer durch die Lenkung der Lebenskraft verstärkt. Dadurch werden physische Handlungen und Wirkungen möglich, die ansonsten kaum vorstellbar sind: Backsteine mit der Hand zerschlagen, eine Betonplatte auf dem eigenen Bauch mit einem Hammer zerschlagen lassen, eine Metallstange mit dem Hals verbiegen, sich am Hals an einer Schlinge aufhängen lassen und dergleichen mehr.

Auch in der Meditation gibt es sehr viele Formen, in der der Atem benutzt wird. Im Yoga gibt es dafür einen eigenen Namen: „Pranayama".

Im Ninja scheint der Atem inzwischen auch beachtet zu werden, wie man deutlich anhand der gelegentlichen Zurufe wie „Durchatmen!" an die Athleten sieht.

Generell kann man sagen, daß man beim Einatmen Kraft sammelt und beim Ausatmen Kraft ausübt. Beim Einatmen bereitet man sich im Ninja auf etwas vor, sammelt man sich im Kampfsport, nimmt man sowohl in der Magie als auch in der Meditation Lebenskraft auf – beim Ausatmen greift man im Ninja zu, schlägt man im Kampfsport zu, und sendet man in der Magie die Lebenskraft auf ein äußeres Ziel und in der Meditation auf ein inneres Ziel.

Eine ganz einfache Methode, um einen ersten Eindruck davon zu bekommen, welche differenzierte Wirkung der Atem haben kann, besteht darin, sich hinzusetzen und einmal fünf Minuten nur durch die Nase zu atmen und dann anschließend einmal fünf Minuten nur durch den Mund zu atmen. Fühlt man sich nach den fünf Minuten Nasenatmung anders als nach den fünf Minuten Mundatmung?

Ein weiteres einfaches Experiment zu der Wirkung der Atem/Lebenskraft-Lenkung ist der Sprung-Versuch:

Der Sprung

A springt aus dem Stand ohne die Hilfe der Arme, die seitlich am Körper herab-hängen, senkrecht in die Höhe. B schaut, wie hoch man gesprungen ist.

Dann stellt A sich vor, daß er beim Einatmen Lebenskraft (milchigweißes Licht) in das Herzchakra atmet und diese Lebenskraft seiner Seele schenkt. Beim Ausatmen läßt A die Lebenskraft in seinem Herzchakra, also in der Mitte seiner Brust, aufleuchten. Sowohl beim Einatmen als auch beim Ausatmen spricht A innerlich „Seele".

Wenn A das mindestens ca. eine Minute lang gemacht hat, springt A noch einmal in die Höhe und B schaut, wie hoch er diesmal gesprungen ist.

Der Atem braucht einen Rhythmus, der zu dem paßt, was man tut – der Atem und sowohl die innere als auch die äußere Bewegung müssen im Einklang miteinander stehen, damit man sein Potential entfalten sein kann. Zudem leitet der Atem die Lebenskraft, wodurch man seine physische Kraft durch Telekinese verstärken kann. Beim Einatmen sammelt man sich, beim Ausatmen handelt man.

Auf die richtig Weise zu atmen macht effektiv.

14. Vertrauen

Wenn ich selber Hindernisse baue, dann weiß ich, was ich tue. Dann weiß ich, daß die halten. Wenn ich in der Show bin, dann gehe ich davon aus, daß die solide gebaut sind.

Wenn ich im Training bin, schaue ich genau, was ich da aufgebaut habe: Wackelt das? Hält das wirklich? Ist das sicher so?

Wenn ich einen Wettkampf organisiere und leite, dann ist das genauso: Ich überprüfe alles, sorge dafür, daß die Zeit gemessen wird, schreibe ein Programm, mit dem man alles notieren und sortieren kann usw. Da sorge ich dafür, daß die anderen mir vertrauen können.

Was den größeren Rahmen angeht, vertraue ich darauf, daß das funktioniert, daß das weiterhin beliebt ist, daß man da ein Business draus machen kann – ich mache das natürlich zunächst einmal, weil's Spaß macht. Das ist der Hauptgrund, aber ich habe auch das Vertrauen in die Community, daß die das schätzen, was ich da mache. Wenn man da so ein Event selber organisiert, macht man sich natürlich vorher einen Haufen Gedanken, was da jetzt wohl wer denkt, wo Kritikpunkte sind, was da schiefgehen kann, wie das mit der Haftung ist und was weiß ich nicht alles ...

Aber ich weiß auch, daß die, die da kommen, coole Leute sind – darauf kann ich vertrauen. Die wollen Spaß haben und ich weiß genau, daß das auch kein Problem sein wird, wenn da mal was nicht so gut läuft – dann wird da drüber gequatscht und eine Lösung gefunden und dann geht's weiter. Das läuft auf jeden Fall ganz entspannt.

Es läuft natürlich nicht immer ganz genau so, wie man sich das vorstellt, aber man kann darauf vertrauen, das es insgesamt gut läuft.

Dabei ist es natürlich ein wesentlicher Punkt, daß ich die Gesetze der Physik gut kenne und daher die Hindernisse und das, was da passieren könnte, gut einschätzen kann. Auf die Gesetze der Physik kann ich auch vertrauen.

Wenn man genügend technisches Verständnis hat, kann man auch Hindernisse schaffen, die man noch nie gemacht hat – auch nicht etwas ähnliches – denn dann weiß man, wie das Hindernis auf welche eigene Bewegung reagiert. So ist das auch beim Konstruieren von Hindernissen oder beim Aneinanderreihen von Hindernissen – man kann auf die Gesetze der Physik vertrauen.

Vertrauen ist ein wichtiges Element, um zu einer erfolgreichen Handlung zu gelangen. Jede Aktion hat vier Schritte: 1. einen Schmerz, den man vermeiden will, oder einen Wunsch, den man sich erfüllen will; 2. das Annehmen dieses Schmerzes oder Wunsches, also nicht deren Verdrängung; 3. das Vertrauen darin, daß eine wirkungsvolle Handlung möglich ist; und 4. mit dem ersten Schritt beginnen.

Niemand tut etwas, wenn er nicht darin vertraut, daß der Erfolg der Handlung zumindestens möglich ist.

Ein zweiter Aspekt des Vertrauens ist die Berechenbarkeit der Welt und der eigenen Fähigkeiten. Wenn man z.B. Telepathie noch nicht oft genug erlebt hat oder noch nicht ausreichend viele Horoskope ausgerechnet und gedeutet hat, wird man nicht darin vertrauen können, daß Telepathie bzw. Astrologie funktionieren.

Ein dritter Aspekt des Vertrauens ist das Vertrauen in die Unterstützung, die man erhalten kann. Das sind natürlich zunächst einmal Freunde und Verwandte, aber es gibt auch „nichtmaterielle Wesen", die helfen sein können. Man kann natürlich nicht „theoretisch vertrauen", sondern nur „praktisch vertrauen", d.h. man braucht zunächst einmal die Erfahrung, daß es diese Helfer wirklich gibt – sonst kann man ihnen auch nicht vertrauen.

Drei dieser „Verbündeten" sind das eigene Krafttier, die eigene Kraftpflanze und der eigene Kraftstein. Das Krafttier ist vor allem aus der indianischen Tradition gut bekannt – es wird auch „Totem" genannt. Man kann ihm in Meditationen, in Träumen und auf Traumreisen („bewußtes Träumen") begegnen. Diese drei Helfer spielen auch in der Homöopathie eine wichtige Rolle: Wenn ein Homöopath einen Patienten hat, schaut er zunächst einmal, ob dieser Patient sich viel bewegt und heftige Gefühle hat (dann braucht er ein tierisches Mittel), oder ob er immer eine bestimmte Haltung einnimmt und immer wieder dieselbe Geste macht (dann braucht er ein pflanzliches Mittel) oder ob er ständig auf einer bestimmten Struktur beharrt (dann braucht er ein mineralisches Mittel).

Die Seele kann man als die eigene Mitte, als das eigene Zentrum, als das Samenkorn, aus dem heraus man entstanden ist, erleben. Auch sie kann man durch Meditationen, Träume und Traumreisen finden. Wenn man sie kennt, weiß man, was der eigene Lebenssinn ist: ausdrücken, wer und was man ist.

Die drei schon genannten Verbündeten sind 1. das Tier, das der Dynamik des Charakters und der Absicht der Seele für ihre derzeitige Inkarnation am besten entspricht, 2. die Pflanze, die am besten ihrer Haltung entspricht, und 3. der Stein, der am besten ihrer Struktur entspricht.

Schließlich gibt es noch die Schutzgottheit. Sie ist sozusagen das „Meer", von dem die eigene Seele ein „Tropfen" ist.

Diese Wesen wird man früher oder später finden, wenn man intensiver Magie oder Meditation betreibt. Ab diesem Zeitpunkt bekommt nicht nur die eigene Magie, sondern auch das eigene Leben eine sehr viele klarere und eindeutigere Ausrichtung – und man braucht dann nichts mehr alleine zu tun, sondern kann jederzeit Hilfe erhalten.

Ein vierter Aspekt des Vertrauens ist, daß man beschließen kann, zu vertrauen. Das mag ein wenig absurd klingen, aber es ist möglich.

Als ich mich vor fast 20 Jahren als Schriftsteller, Berater, Astrologe und Magier selbständig gemacht habe, habe ich ständig heftige Existenzängste bekommen und gefürchtet, demnächst obdachlos unter einer Eisenbahnbrücke zu verhungern und zu erfrieren. Mich daran zu erinnern, daß es in Deutschland ein soziales Netz gibt, hat meine Ängste leider kaum beruhigen können.

Eines Tages habe ich dann eingesehen, daß ich in Bezug auf die materiellen Dinge einfach einen Rückhalt brauche. Da habe ich – warum auch immer – spontan zu „denen da oben", also zu meiner Seele und den Göttern, gesagt, daß ich ihnen ab jetzt vertraue, daß sie für mich sorgen. Das haben sie seitdem auch getan. Wenn ich in Geldnot war, habe ich es ihnen gesagt, und am nächsten Tag kam jedesmal von irgendeiner unverhofften Seite auf einmal genügend Geld, daß ich meine Miete zahlen konnte.

Man kann diesem „Vertrauens-Entschluß", wenn man will, als „fortgeschrittenes positives Denken" auffassen. Der Unterschied zu dem „normalen positiven Denken" ist, daß es sich an die eigene Seele oder an eine oder mehrere Gottheiten richtet. Diese Haltung kann man bei vielen Sekten beobachten: Morgens wünscht man sich gemeinsam, was man am Tag braucht – und am Abend sind alle Dinge aufgetaucht ...

Wenn man es bildlich sehen will, erschafft man durch den Vertrauens-Beschluß die eine Hälfte einer Silberschnur, also einer Lebenskraft-Verbindung, die dann von der betreffenden Gottheit angenommen und durch die zweite Hälfte dieser Silberschnur ergänzt wird. Man reicht den Göttern die Hand und sie ergreifen sie. Der Beschluß macht diese Verbindung stabil – das ist eine Form der Entschiedenheit und der Einsgerichtetheit. Das ist ein Entschluß, eine Umsetzung des eigenen Willens.

Solche Dinge ergeben natürlich erst dann einen Sinn und werden überzeugend, wenn man sie selber mehrfach erlebt hat.

Schließlich gibt es als fünften Aspekt des Vertrauens noch Rituale, bei denen man das Vertrauen wiederfinden kann – dies ist vor allem die Schwitzhütten-Zeremonie, in der man wieder die Geborgenheit im Mutterbauch erlebt.

Auch ein Feuerlauf kann helfen, das Urvertrauen wiederzufinden, denn wenn man einmal barfuß über die Glut gelaufen ist, ist es ziemlich schwierig, weiterhin noch

„Das kann ich nicht! Das ist unmöglich!" zu sagen ...

Das Wesen und die Wirkung des Vertrauens kann man auch im Neuen Testament betrachten: Christus dankt erst Gott für das Wunder, und erst danach vollbringt er es. Das ist kein zaghaftes Vertrauen, sondern eine „Vertrauens-Wucht", das ist der „Glaube, der Berge versetzt" ... und der die Magie ermöglicht.

Kundalini

Das Erwecken der Kundalini ist ein komplexer Vorgang – die Kundalini ist so etwas wie der „Blutkreislauf der Lebenskraft". Es gibt jedoch eine einfache Methode, um die Kundalini anzuregen und dadurch die eigene Lebenskraft zu stärken.

Man stellt sich einen Lichtstrahl vor, der von dem eigenen Herzchakra in der Mitte der Brust durch das Wurzelchakra zwischen Genitalien und After hinunter bis in den glühenden Eisen/Nickel-Kern der Erde hinabreicht. Von dort aus steigt dann ein kleiner Teil der Lebenskraft der Erde herauf und erfüllt den eigenen Lebenskraftkörper mit Lebendigkeit, Wärme und Stärke.

Diese einfache Visualisierung kann man auch durchführen, wenn man aus irgendeinem Grund erschöpft ist.

Vertrauen beruht auf Sicherheit. Diese Sicherheit können die Gesetze der Physik sein, aber auch die eigene Seele oder die Gottheiten. Vertrauen hilft, zu handeln.

Vertrauen: Das Ganze trägt den Einzelnen.
Verantwortung: Der Einzelne trägt das Ganze.
Beides gemeinsam: Die Welt ist eine organische Einheit.

15. Regeneration

Das ist ein großer Punkt! Natürlich ist es wichtig, seine Limits zu pushen und auch mal etwas weiter zu trainieren, auch wenn's anstrengend wird, denn dann wissen die Muskeln: „Wir müssen nachrüsten!"

Eigentlich ist es ganz simpel: Man wird nicht während des Trainings stärker, sondern zwischen den Trainings. Im Training wird den Muskeln klar: „Das können wir noch nicht." Daraufhin bauen die Muskeln nach dem Training dann neue Muskelmasse auf, wodurch der Muskel dann stärker wird. Wenn man die Pausen zwischen zwei Trainings ausläßt, kann man trainieren wie man will – man wird nicht stärker ... Diese Pausen sind wirklich wichtig!

Ich habe das Anfangs dieses Jahres gemerkt – da hab ich mal zwei Wochen keinen Sport gemacht – da war Trainingspause. Und ich hab danach auf einmal doppelt so viele Einarm-Klimmzüge gemacht wie vorher – vorher gingen so knapp fünf und danach war ich k.o. Nach dieser Pause waren wir bouldern – also in der Kletterhalle – und danach haben wir aus Jux mal Einarm-Klimmzüge probiert. Und ich hatte links zehn und rechts zehn. Da dachte ich: „Das kann doch nicht sein! Wo kommt das her?"

Ich hatte die Zwei-Wochen-Pause gemacht und ich war grundsätzlich sehr entspannt – und das war der Effekt davon.

Man muß sich natürlich anstrengen, damit man dem Körper ein Signal gibt, daß bestimmte Muskeln noch Verstärkung brauchen, aber danach muß man dem Körper auch Zeit geben, diesen Auftrag dann auch umzusetzen.

Auf mentaler Ebene ist das natürlich genauso. Man kann nicht die ganze Zeit trainieren und Projekte machen – man muß sich auch mal zurückziehen und Zeit für sich haben und entspannen und so ...

Danach ist dann wieder die Kapazität für Action da – die Batterien sind dann wieder aufgeladen.

Das Entspannen ist die wichtigste magische Grundübung überhaupt – sie erlaubt das Auflösen von physischen Krämpfen und auch von psychischen Krämpfen, also von Traumas. Dieses Entspannen, also Auflösen von Blockaden erleichtert die Magie, da man sich dann nicht mehr selber im Wege steht und sich nicht mehr selber sabotiert. Die Entspannung ist der Weg zur Widerspruchsfreiheit, Eindeutigkeit und

Einsgerichtetheit.

Diese Entspannung ist die psychische Regeneration und daher auch die Regeneration des Lebenskraftkörpers. Die grundlegende Form der Regeneration ist der Schlaf. Im Schlaf wird das „Instrument der Psyche" wieder gestimmt, das durch das Spielen auf diesem Instrument am Tage manchmal arg verstimmt worden ist.

Das Ausmaß dieses Verstimmtseins hängt davon ab, wie sehr man sich selber tagsüber treu geblieben ist.

Man kann sein „Psyche-Instrument" auch durch Meditationen, durch den Kontakt mit der eigenen Seele u.ä. stimmen. Wenn man tagsüber sein eigenes „wahres Lied" spielt und die Saiten seines Instruments durch Meditation immer wieder mal nachstimmt, braucht man nachts deutlich weniger Schlaf. Einige Yogis sind so sehr mit sich selber im Einklang, daß sie gar nicht mehr zu schlafen brauchen – sie verstimmen ihr Instrument beim Spielen nicht mehr, weil sie vollkommen selbsttreu und aufrichtig sind.

Eine andere Form des „Stimmens des Instrumentes" sind die Familienaufstellungen, die ebenfalls dafür sorgen, daß Dissonanzen im eigenen Lied aufgelöst werden.

Eine sehr spezielle Form der Regeneration ist das Magie-Prinzip „wünschen und vergessen", d.h. man wünscht sich etwas und vergißt anschließend den Wunsch, um ihn nicht bei seiner Erfüllung zu stören.

Man kann ganz generell sagen, daß die „entspannte Konzentration" in der Magie die effektivste Haltung ist. Bei dieser Haltung besteht kein Unterschied mehr zwischen Handlung und Regeneration, da die Handlung im Einklang mit einem selber steht: Es gibt keine Anstrengung mehr.

Das Entspannen ist auch die schlichteste und zugleich anspruchsvollste Methode, um die Kundalini zu erwecken, d.h. um die Lebenskraft im eigenen Körper frei fließen zu lassen.

Bindhu

Das Bindhu ist das Gegenstück zu der Kundalini:

> *- Die Imagination des Lichtstrahles vom Herzchakra über das Wurzelchakra zu der glühenden „Mitte der Erde" ruft Kraft empor – das ist die Kundalini.*

> *- Die Imagination des Lichtstrahles vom Herzchakra über das Scheitelchakra oben auf dem Kopf zu dem „Herzen der Sonne" ruft Integration herab – das ist das Bindhu.*

Das Bindhu ruft man daher, wenn man traurig oder depressiv ist, wenn man die Orientierung verloren hat, wenn man einen Schock erlebt hat o.ä., also wenn man die Integration der Psyche bzw. ihre Re-Integration benötigt.

Die Kundalini gibt Kraft, das Bindhu gibt Lächeln.

Die Regeneration ermöglicht nicht nur die Wiederherstellung der Ordnung und das „Aufladen der Batterie", sondern auch das Wachstum.

Kreativität und Wachstum entsteht in den Pausen.

16. Mühelosigkeit

Also – komplett mühelos ist ein Ninja-Stage natürlich nie. Mühelos sieht es aus, wenn es effizient ist. Und effizient ist es, wenn man Übung hat und es einfach so macht, wenn man es fließen läßt, wenn man es so macht, wie es paßt, wie es das Hindernis erfordert und wenn man nichts Umständliches macht und wenn man Hindernisse, die man zum ersten mal sieht, sich genau anschaut und dann mit „Film" und nicht kopflos losläuft.

Diese Mühelosigkeit kriegt man dann hin, wenn man erstens mental entspannt ist und das quasi einfach macht und abspult – mit dem Selbstvertrauen und diesem Film, von dem ich schon erzählt habe; wenn man zweitens nicht gegen den Parcour kämpft, sondern mit dem Parcour geht, wenn man sieht, das schwingt so und so, und wenn man daher weiß, an welcher Stelle man Kraft investieren muß und an welcher Stelle das total nutzlos ist.

Overgrip ist auch so'n Thema: Wenn Du zu fest zupackst, dann kannst Du trainieren und trainieren wie Du willst – das nützt nichts. Wenn Du Deine Griffkraft um 50% durch Training steigerst und Deinen Kopf aber nicht im Griff hast, dann greifst Du 50% fester als vorher, aber das hilft Dir gar nichts – Deine Kraft reicht dann genau so lange wie vorher. Natürlich ist das Risiko, daß Du abrutschst, dann geringer – aber das bringt nichts, wenn Du vorher schon so fest zugepackt hast, daß dieses Risiko minimal war.

Wenn Du da an eine Stange springst und Dich da festklammerst, dann bringt das garnichts, weil Du dann nur Kraft verbrauchst und dann nach kurzer Zeit Deine Unterarme zu sind. Dieser Kraftaufwand ist überhaupt nicht nötig.

Mühelosigkeit erreicht man dadurch, daß man a) das technisch effizient macht, weil man weiß, wie's funktioniert und wie's nicht geht, und b) das Selbstvertrauen hat, das einfach zu tun und fließen zu lassen.

Die Kreativität, die Mühelosigkeit und das „fließende Handeln" entsteht durch Übung, Erfahrung und Sachkenntnis. Diese Form des Handelns ist ausgesprochen angenehm.

Im Bereich der Meditation, der Spiritualität und der Magie – in dem man sich ja auf das Bewußtsein und seine Wirkung ausrichtet – ist das „in sich selber Ruhen" die Grundlage dieser Mühelosigkeit. Wenn man weiß, wer man ist, und dem dann treu bleibt, sind alle Dinge klar und eindeutig. Jede Situation ist dann einfach eine Mög-lichkeit, auszudrücken, wer man ist. Man ist jederzeit aufrichtig.

Dieses „in sich selber Ruhen" ruht seinerseits in dem Kontakt zur eigenen Seele – und dieser Kontakt ruht wiederum in dem Kontakt zu der eigenen Schutzgottheit. Das klingt möglicherweise ein wenig abgehoben, aber wenn man die eigene Seele oder die eigene Schutzgottheit in der Meditation erlebt, ist das ganz schlicht und ergrei-fend und direkt. Das hat nichts mit Konzepten zu tun oder mit Gedanken – das ist ein Erlebnis. Dieses Erlebnis ist etwas vollkommen Neues, was man mit nichts anderem vergleichen kann – so wie auch der erste Orgasmus etwas völlig Neues ist.

Es gibt viele Meditationen, die dazu führen, daß man die eigene Seele kennenlernt. Die einfachste ist, in das eigene Herzchakra hinein dem nachzuspüren, was die eigene Quelle ist.

Wie bei den meisten wichtigen Dingen kann man nur auf diese Möglichkeiten hin-weisen, aber eine Wirkung haben sie erst dann, wenn man sie selber erlebt hat.

Sterntaler

Das Folgende ist ein Experiment zum Erleben der Mühelosigkeit: Bevor man eine Aufgabe angeht, stellt man sich vor, die eigenen Arme vor sich auszustrecken und die Hände aufzuhalten – so wie das kleine Mädchen in dem Märchen „Sterntaler".

Dann bittet man, daß all das kommt, was man jetzt brauchen wird und daß das Ganze einfach und mühelos laufen wird. Das Gefühl bei dieser Bitte ist Entspannung, Vertrauen, Loslassen und manchmal sogar eine gewisse Vorfreude. Diese Methode ist schlicht, aber wirksam.

Die Mühelosigkeit entsteht durch Sachkenntnis, durch die Visualisierung dessen, was man tun will, durch Selbstvertrauen und durch Vertrauen in die Umstände, sowie durch die Bitte oder die Imagination, daß das Vorhaben mühelos sein wird.

Lade die Mühelosigkeit vor der Tat ein – dann wird es einfach.

17. Freies Lernen

Das ist das, was in unserem Training der Grundbaustein ist. Natürlich ist man limitiert durch die Hindernisse, die man da hat, aber man nimmt immer wieder mal was anderes dazu oder man macht mal was anderes damit. Es gibt im Prinzip eine Basis-Idee, die feststeht – das ist sozusagen die Stage – aber wenn dann einer sagt „Ich will mal da drüben was probieren.", dann macht der das. Das ist kein Thema.

Zunächst sagen wir denen „Probiert's erst mal aus.", damit die selber sehen, was das für ein Hindernis ist, damit die ein Gefühl dafür kriegen. Und wenn jemand merkt, er hat an einer Stelle ein Problem, dann schauen wir danach, oder wir geben Tips, wenn wir sehen, daß da was komisch aussieht. Oder wenn jemand fragt „Wie soll ich das machen?", dann schauen wir zusammen mit ihm.

Im Parcour-Training ist das noch freier als im Ninja-Training. Da fragen wir am Anfang: „Worauf habt ihr Bock?" und dann bauen wir die nötigen Hindernisse dafür auf und dann machen die das.

Wir gehen immer auf die Leute ein, die trainieren. Wir machen das Training ja nicht, weil wir den Leuten etwas andrehen wollen, sondern weil die etwas lernen wollen. Wir machen das zusammen, weil wir alle besser werden wollen im Ninja-Sport. Dann schauen wir, welches Ziel gerade ansteht und was wir dafür brauchen.

Wenn das freiwillig ist und die selber die Ziele festlegen, dann haben die ihre Initiative in der Hand, die bleibt bei ihnen, und dann macht das Spaß – und mit Spaß geht alles besser.

Im Parcour-Training waren viele Jugendliche zwischen 12 und 16 – diese Altersgruppe ist ja sonst kaum für Sportvereine zu begeistern, weil die in der Pubertät eben auf Kontra gebürstet sind. Aber da sie beim Parcour selber bestimmen können, was sie lernen wollen, gibt es nichts und niemanden, wogegen sie Kontra sein könnten. Sie bleiben selbstbestimmt – und deshalb kommen die auch in unsere Vereine.

Bei Beratungen habe ich kein Konzept, sondern schaue, wer da gekommen ist und was er braucht. Wenn keine der üblichen Methoden für das vorliegende Problem paßt, erfinde ich oft spontan eine neue Methode. Durch ausreichend Erfahrungen in einem Bereich kann man nicht nur die üblichen Wege sehen, sondern man sieht sozusagen eine Landschaft, in der man sich umschauen kann und sich dann für eine bestimmte Richtung entscheidet, auch wenn man dort noch nie entlang gegangen ist. Wenn man dies schon öfters gemacht hat, erlangt man irgendwann das Selbstver-

trauen, solche „neuen Wege" auch gleich mit einer großen Gruppe auszuprobieren.

Jede Beratung und jede magische Aktion für andere beginnt damit, daß man erkennt, welchen Charakter der andere hat und wo ihn der Schuh drückt. Dabei ist es wichtig, dem Problem wirklich auf den Grund zu gehen. Es hilft nicht, wenn jemand Freßsucht als Problem hat, ihn dazu zu bringen, weniger zu essen, wenn diese Freßsucht ein Ersatz für Nähe ist, und der Betreffende eigentlich an Einsamkeit leidet. In diesem Fall ist nur das Auflösen der Einsamkeit eine Lösung – wobei man auch dabei schauen sollte, warum jemand einsam ist. Schließlich macht es für die Heilung z.B. des Einsamkeits-Problems einen großen Unterschied, ob jemand das einfach nicht anders kennt (Mangel), ob jemand in Beziehungen oft verprügelt worden ist (Angst) oder ob jemand sich selber für häßlich hält (Scham).

Eine große Hilfe sind auch Horoskopdeutungen, da man dadurch nach und nach erkennt, wie grundlegend verschieden die Menschen sind – was dazu führt, daß man begreift, daß jeder ein anderes Heilmittel, eine andere Anleitung, eine andere Hilfe, eine andere Methode usw. braucht.

Das freie Lernen, daß sowohl David als auch ich selber allen anderen Methoden vorziehen, liegt auch darin begründet, daß wir beide in unserem Horoskop ein Pluto/Saturn-Quadrat haben. Pluto steht für das Wesentliche, Saturn für das Feste und ein Quadrat ist eine Trennung. Das führt dazu, daß wir dem Wesentlichen keine feste Form geben, sondern es sich frei entfalten lassen.

Das „freie Lernen" ist also eine persönliche, astrologisch begründete Vorliebe. Da jedoch sowohl im Ninja als auch in der Magie vor allem Individualisten auftauchen, ist das freie Lernen in diesen beiden Bereichen eben die passendste Methode.

Horoskope

Das Bevorzugen des freien Lernens kann am ehesten – wenn es nicht sowieso schon der eigenen Neigung entspricht – durch das Kennenlernen der Horoskope von einem Dutzend verschiedener Personen gefördert werden.

Das freie Lernen geht stets von dem Impuls des Lernenden aus und fördert dann das, was der Lernende lernen will. Der Lernende setzt das Ziel, nicht der Lehrer. Der Lehrer hilft dem Lernenden lediglich, das Ziel zu erreichen.

Lernen gedeiht, wenn es auf der eigenen Initiative beruht.

18. Freundschaften und Gemeinschaft

Da gibt es dieses Schlagwort von der „Ninja-Family". Das habe ich erst für ein Werbe-Gelaber von RTL gehalten – aber dieses Gemeinschaftsgefühl ist einfach überall da, wo sich Ninjas treffen.

Da war z.B. ein Athlet, der hat den Lauf fast geschafft und ist bis zur letzten Stage gekommen und war dann einfach völlig geschafft und konnte nicht mehr. Da hat die ganze Halle getobt und ist ausgerastet „Ja! Du schaffst das schon! Mach weiter!" Die haben ihn alle supportet – egal, wen der gerade hätte vom Siegertreppchen schmeißen können oder nicht. Das ist völlig egal – der hängt da und der kämpft und alle wollen, daß er es schafft!

Natürlich will auch jeder gewinnen, da hat jeder auch Ehrgeiz, aber eigentlich ist das Ganze ein großes Miteinander – und das ist im Gegensatz dazu in anderen Arten des Leistungssport, die ich jetzt hier nicht namentlich nennen will, völlig undenkbar.

Das spüren auch die Zuschauer – und die feuern nicht nur ihre Favoriten an, sondern alle.

Oder, wenn wir in der Halle eine Stage aufgebaut haben – bei den Wettkämpfen, die ich organisiert habe – da muß man immer wieder mal ein paar Matten rumschieben und so, wenn man von der einen auf die andere Stage umbaut. Ich habe, glaube ich, nur eine einzige Matte selber geschoben. Ansonsten habe ich durch's Mikro angesagt: „Wer Lust hat zu helfen von den Athleten oder den Zuschauern, der soll mal herkommen." Da kamen sofort fünf, sechs Leute und ich habe dann nur noch gesagt: „Die Matte muß dahin, die dahin, da muß das gemacht werden ..." usw. Ich habe nur dirigiert und Zack!, Bumm!, war alles umgebaut! Wir haben keine zehn Minuten gebraucht, um die Stage umzubauen und es hat alles geklappt. Das ist bei den Ninjas einfach selbstverständlich, daß jeder mit anpackt.

Ich baue die Stages natürlich auch so, daß möglichst wenig zu re-setten ist, aber ein bißchen gibt es doch immer zu tun. Bei einem Hindernis rutscht man z.B. mit einer Stange ein Stück weiter und diese Stange muß dann für den nächsten Athleten wieder zurechtgelegt werden. Da hat sich dann ein Mann an dieses Hindernis gestellt, hat seinen zehnjährigen Sohn auf die Schultern genommen, der dann oben an die Stange kam und die beiden haben die Stange dann nach jedem Lauf wieder in die Ausgangsposition gelegt.

Da kann man sich drauf verlassen, daß die Ninjas wie eine große Familie sind, daß die das zusammen, gemeinsam machen.

Freundschaften und Gemeinschaften geben Rückhalt, Beratung, Hilfe und manchmal auch Anleitung. Zudem werden in ihnen Sachkenntnis und Fähigkeiten weitergegeben.

Menschen lernen am einfachsten durch Nachahmung. Wenn man sieht, daß jemand barfuß über glühende Kohlen läuft, ist das etwas ganz anderes als wenn man nur darüber gelesen hat. Ein Erlebnis ist weitaus überzeugender als etwas, das man nur gelesen hat. Oder wie das Wikinger-Sprichwort sagt: „Traue dem, was Du siehst – sei vorsichtig bei dem, was Du hörst."

Zunächst lernt jeder durch die Nachahmung der eigenen Eltern. Später lernt man dann durch Freunde oder durch Lehrer. In der Magie gibt es bei diesem Lernen eine Besonderheit – oder genauer gesagt fällt in der Magie ein Zusammenhang stärker auf als in anderen Bereichen. Daß man eine Information weitergeben kann, ist allgemein bekannt – daß man aber auch eine Fähigkeit weitergeben kann, ist hingegen weniger gut bekannt.

So habe ich z.B., als ich ungefähr 22 gewesen bin, einmal aus reiner Neugier an einem Treffen mit einem Yogi in dem Hinterzimmer eines vegetarischen Restaurants teilgenommen – es waren ungefähr 15 Leute zusammengekommen. Anfangs haben wir Geschichten erzählt und Erfahrungen ausgetauscht, danach haben wir dann zusammen meditiert. Da habe ich gespürt, wie das Bewußtsein des Yogis in meinem Bewußtsein „die Wellen glatt gestrichen hat". Auf einmal war Stille in mir – nur noch das Bewußtsein, das sich seiner selber bewußt ist, aber keine Inhalte wie Bilder, Gefühle und Gedanken hat. Das ist ein sehr wohltuender Zustand! Seitdem kann ich jederzeit innerhalb von zwei Sekunden in diesen Zustand wechseln – ich habe ihn von diesem Yogi geschenkt bekommen und kann ihn auch manchmal anderen weiterschenken.

Ich hatte kurz vorher von dem Zustand der „inneren Stille" gehört und konnte mir nicht vorstellen, wie das möglich sein könnte – und habe mir gewünscht, das auf jeden Fall kennenzulernen. Und schon ist dieser Yogi erschienen und hat mir diese Fähigkeit geschenkt ...

Wegen all dieser Möglichkeiten, die es nur in Freundschaften und Gemeinschaften gibt, haben sich auch in der Magie Gruppen gebildet: Freunde, lose Gruppen, Hexen-Coven, Magier-Orden, Forschungsgemeinschaften, Druidenversammlungen, Schamanenbünde – es gibt solche Gruppen in so gut wie jedem magischen, spirituellen oder religiösen Bereich.

In der Magie gibt es dabei noch eine Besonderheit: Die Gemeinschaft umfaßt in der

Regel nicht nur Menschen, sondern auch die Krafttiere, die Seelen der Beteiligten sowie eine oder mehrere Gottheiten. Dies liegt einfach daran, daß Magier den Bewußtseinsbereich erforschen und Krafttiere, Seelen, Gottheiten usw. sozusagen „umfassendere Bewußtseins-Einheiten" sind.

Das gemeinsame Wünschen

Der einfachste Versuch, um die Wirkung einer Gemeinschaft zu zeigen, ist das gemeinsame Wünschen von etwas.

Auch bei einem Entschluß hilft es, wenn man ihn vor Zeugen laut ausspricht.

Und wenn man etwas lernen will, können Lehrer sehr hilfreich sein.

Freundschaften und Gemeinschaften geben Rückhalt – Rat und Hilfe und im Notfall auch einen Rückzugsort.

Gegenseitige Hilfe macht das Leben leichter.

19. Der eigene Stil

Du erkennst schon an der Bewegung, wer da gerade in der Stage ist. Es gibt schon eine bestimmte „Handschrift" in der Bewegung, die jeder hat.

Natürlich gibt es das, daß Athleten bestimmte Stärken und Schwächen haben, daß sie manches mögen und manches nicht. Ich habe zum Beispiel überhaupt kein Problem mit Leisten, ich kann auch an einer Fingerleiste langhangeln – das ist cool, das macht Spaß, das hab ich an dem Ninja-Gerüst in meinem Wohnzimmer geübt wie blöde – und wenn in einem Wettkampf irgendwo Leisten sind, dann ist mir das egal, dann hangel ich die schnell weg. Während viele andere sagen: „Ach Gott, Leisten! Wie ätzend! Hoffentlich komm ich da durch ..."

So was prägt natürlich den Bewegungsstil. Wenn dann ein anderes Hindernis kommt, was ich gar nicht mag – zum Beispiel so eine Drehscheibe – dann hänge ich da ultra-vorsichtig drin und passe noch dreimal auf, daß ich ja nicht rausfalle, während ein anderer da einfach dranspringt, den Schwung noch für die Rotation nutzt, sich noch einmal dreht und dann rausspringt – da ist der schnell fertig. Das würde ich niemals machen, dafür hab ich viel zu viel Respekt vor den Dingern.

Da sieht man natürlich, was jemand draufhat – das ist völlig unterschiedlich – und andererseits siehst Du aber auch den Stil daran, wie jemand schwingt oder so. Wenn jemand an einer Stange hängt und schwingt – das machen die Leute auch schon unterschiedlich.

Ab einem gewissen Skill-Level ist es schon so, daß es ähnlicher wird – einfach, weil jeweils eine bestimmte Technik am effizientesten ist. Aber auch da gibt's manchmal mehrere Möglichkeiten – das ist dann wieder eine Stilfrage. Aber in den höheren Skill-Leveln konzentriert sich das dann aber meistens auf eine bestimmte Technik.

Es gibt bestimmte Moves, die sind typisch für bestimmte Leute. Ich habe zum Beispiel den Ruf, daß ich immer Shortcuts finde, also Abkürzungen. Wenn irgendwo eine Regellücke ist, wenn man irgendwo etwas überspringen kann, wenn man irgendwo weniger Kraft verballern kann, dann bin ich inzwischen berüchtigt dafür, daß ich das dann auch finde und mache.

Das war z.B mit dem „UFO", also mit der Scheibe, die sich gedreht hat, an der ich dann statt zu springen, einfach gehangelt habe. Alle springen da, aber ich mag das nicht. Ich weiß aber, daß ich eine gute Griffkraft habe, daß ich die mit den Fingern so zusammenquetschen kann, daß mir die nicht wegrutscht, dann bin ich durchgehangelt. Dann kamen natürlich die Kommentare: „Das ist typisch David!" Die Lücken im System finden kann ich ja auch in anderen Bereichen ganz gut.

Oder beim Pegboard – dieses dicke Brett mit den Löchern, in die man die Stäbe stecken muß, an denen man sich dabei festhält – das kann man ja auch auf ganz verschiedene Arten machen. Du kannst das im Block machen, d.h. Du hängst mit angespanntem Bizeps und krummem Arm da dran und steckst einen Stab nach dem anderen weiter an dem Board, um Dich dann an diesen Stäben vorwärts hängend weiterbewegen zu können – das dauert ewig ... Du kannst aber auch die Fingerspitzen in Bewegungsrichtung drehen, seitlich Schwung holen, dann – wenn Du am linken Arm hängst – den rechten Arm unter dem linken durchziehen, gucken, daß man noch so viele Löcher wie möglich überspringen kann und dann den Peg (Stab) da rein stecken – dann kann man da im Prinzip am langen, gestreckten Arm hangeln. Das spart Kraft und geht viel schneller – das muß man halt geübt haben.

Und immer, wenn in einer Competition irgendwo ein Pegboard ist, muß ich mir Sprüche anhören, daß ich das bitte in möglichst wenigen Zügen machen soll ... Und bei der Sicherheits-Einweisung kommt garantiert von irgendjemand die Frage: „Muß der David da jedes Loch benutzen?"

Das wissen inzwischen alle – wenn da ein Pegboard ist, dann bin ich da – Zack! – durch, weil das mein Ding ist. Das ist cool – und mein Wohnzimmer ist ja auch voll von den Pegboards – das muß ja auch was bringen ... Bei den meisten anderen sind die Pegboards nicht so beliebt ...

Der eigene Stil läßt sich am klarsten durch das eigene Horoskop beschreiben. Das, was man im eigenen Stil macht, ist leicht und effektiv – das, was man in einem vorgeschriebene Stil macht, ist schwer und uneffektiv.

Dieser große Unterschied in den Lebensstilen läßt sich schon anhand des verschiedenen Charakters der zwölf Tierkreiszeichen erahnen: die Spontanität des Widders, das Genießen des Stieres, die Neugier des Zwillings, die Empfindsamkeit des Krebses, das Strahlen des Löwen, die Sorgfalt der Jungfrau, das Harmoniestreben der Waage, die Intensität des Skorpions, der Idealismus des Schützen, die Sachlichkeit des Steinbocks, die Universalität des Wassermanns und die Anteilnahme der Fische.

Eine direktere Methode, den eigenen Stil zu finden als das Deuten des eigenen Horoskops ist das Kennenlernen der eigenen drei Verbündeten (Krafttier, Kraftpflanze, Kraftstein), der eigenen Seele und der eigenen Schutzgottheit. Das ist ein direktes Erleben – man sieht dann, wer man ist und wie man ist. Dann braucht man dafür nicht das Denken.

Astrologie

Wenn man die Möglichkeit hat, sich von einem erfahrenen Astrologen das eigene Horoskop deuten zu lassen, sollte man diese Möglichkeit nicht ungenutzt lassen. Es gibt keinen anderen derart effektiven Weg, um zum einen den eigenen Stil sehr detail-

liert zu erkennen und zu verstehen und zum anderen, um wenigstens zu ahnen, wie grundlegend verschieden die Menschen sind.

Das Erkennen des eigenen Stiles ist der Anfang davon, daß man die Dinge auf eine effektive Weise – nämlich auf die eigene Weise – macht und daher das erwünschte Ziel auch erreichen kann.

Selbsttreue macht das Leben leicht.

20. Wachstum

Also – Ninja macht mit einem sowohl sportlich als auch persönlich ziemlich viel.

Ich erzähl zuerst mal was über das Physische – das ist offensichtlicher. Am Anfang geht man her und merkt: „Das ist aber schwer!" Dann läßt man es oder man ist angefixt und sagt: „Nächstes Mal mach ich's besser!" Am Anfang baue ich für die Leute auch einfachere Hindernisse auf, damit sie es auch schaffen – denn das macht Spaß und gibt ein Erfolgserlebnis.

Oft denken sie auch, das können sie nicht. Gestern beim Training hatten wir ein kleines Trampolin und dadrüber hing ein Ring, den man nach einem Sprung greifen sollte. Das hat einer probiert und probiert und es klappte einfach nicht. Dann hast Du auf einmal einen Freundenschrei durch die ganze Halle gehört. Da dachte ich: „Was ist denn jetzt passiert?!" Der hat sich so mega gefreut, daß er's geschafft hat! Natürlich macht das dann Bock, wenn so was immer wieder mal passiert!

Physisch ist das vom Trainingsverlauf her so, daß Du erst anfängst, an einzelnen Hindernissen zu üben.

Irgendwann fängst Du an Dinge zu übertragen: „Hier hab ich was gelernt – kann ich das da drüben auch benutzen?" Da machst Du dann diese Transfer-Leistung und stellst fest: „Oh, das sind ja dieselben Grundfähigkeiten, die ich hier überall brauche!"

Dann versucht man seine Ausdauer zu steigern und mehrere Hindernisse hintereinander am Stück, also einen kurzen Lauf, zu trainieren.

Dann kommt das Spielerische hinzu – daß das erst dann wirklich funktioniert, wenn man das richtige Mind-Set hat. Dann hat man kreative Ideen dazu.

Natürlich boostert das auch das Selbstvertrauen: „Ich kann was, was ich vorher nicht konnte!" Das heißt auch: „Ich kann etwas lernen, was ich vorher nicht konnte!" Das gibt dann auch Zukunftsvertrauen – und das ist cool!

Mental passiert natürlich auch viel, weil das ein Sport ist ... Also, Du kannst physisch noch so stark sein – aber wenn Dein Kopf nicht klar ist, dann geht das nicht bzw. dann ist es schwer. Also: Wenn Du locker von dem Trampolin an die Stange springen könntest, heißt das noch lange nicht, daß Du Dich das auch traust. Das mußt Du erst mal klar kriegen – da mußt Du erst mal rüberspringen – das kann am Anfang gruselig sein!

Über eine größere Distanz zu springen ist für jeden gruselig – klar. Aber es ist eben ein Parcour, ein Hindernislauf.

Da springt man dann und es hat nicht geklappt und beim nächsten Mal auch nicht. Aber irgendwann kommt dann der Punkt, da schafft man es. Manchmal dauert das eine ganze Weile und oft ist man am Anfang auch super-vorsichtig, aber nach den ersten Erfolgen kennt man die eigenen Fähigkeiten besser und hat mehr Selbstvertrauen und wird daher auch mutiger – und die Hindernisse werden plötzlich einfacher.

Das vorsichtig-Sein habe ich am Anfang auch gehabt – das habe ich beim Turnverein eingebläut bekommen damals ... Irgendwann habe ich mich gefragt, was denn passiert, wenn ich das direkt mache – und zu meiner Überraschung ging das viel besser.

Diesen Schritt habe ich schon bei einigen gesehen – daß sie auf einmal das nutzen, was sie können. Das heißt nicht unvorsichtig sein, sondern sich das Hindernis anschauen, die eigenen Fähigkeiten kennen und sie dann anwenden. Das ist immer ein Riesenschritt in der Persönlichkeitsentwicklung. Das ist typisch für den Ninja-Sport – und das hat eine Riesen-Auswirkung, weil man das dann ja auch in anderen Bereichen macht. Man wird mutiger, das, was man kann, überall in seinem Leben auch einzusetzen.

Das ist etwas, was der Ninja-Sport einem zwingend beibringt – da führt kein Weg drumherum – da lernt man sich selber kennen und Hindernisse genau anzusehen und mutig zu sein und nach dem Weg durch ein Hindernis zu suchen und mit allem klar zu kommen.

Also am Anfang war der Sprung vom Trampolin an die Stange etwas Gruseliges und jetzt macht es Bock, wenn man da ein Stück weit fliegt! Diese Air-Time ist einfach geil – diese Zeit, in der man sich frei in der Luft befindet. Das ist am Anfang grausam, man fühlt sich hilflos und verloren – aber irgendwann macht es einfach nur Bock, wenn man da durch die Luft fliegt.

Magie führt zu Wachstum – auf die verschiedensten Weisen: Man wird heiler, man wird sich selber treuer, man wird in seinem Handeln effektiver, man wird erfolgreicher, man wird freier, usw.

Auch die Magie selber, die man ausüben kann, wird nach und nach durch das Erlangen von Sachkenntnis und Selbstsicherheit effektiver. Ebenso ist das Kennenlernen von verschiedene Methoden, Stilen und Anwendungsmöglichkeiten sehr förderlich.

Nicht zuletzt entsteht ein Wachstum dadurch, daß man sich selber durch die intensive Beschäftigung mit Magie, Meditation und ähnlichem immer besser kennenlernt und dadurch überhaupt erst die Möglichkeit erhält, sich selber treu zu sein zu können und dadurch glücklich zu leben.

Übung und Erfahrung erhöhen auch in der Magie wie in jedem anderen Lebensbereich die Effektivität und fördern damit verbunden auch das eigene Wachstum.

Dieses persönliche Wachstum besteht nicht zuletzt darin, daß man die eigenen Schattenseiten kennenlernt – das läßt sich garnicht vermeiden, da Traumreisen, Meditationen und ähnliches eben auch dazu führen, daß man die eigene innere

Bilderwelt immer besser kennenlernt und somit auch die eigenen „Gefühls-Konserven", die auf den Regalen des Kellers der eigenen Psyche stehen.

Dadurch, daß man diese alten Gefühls-Konserven öffnet und sie sich anschaut und sie fühlt, kann man sie auch heilen, wodurch man dann deutlich freier wird, weil die alten Gefühle von Mangel, Angst und Scham dann nicht mehr ständig halbbewußt das eigene Handeln behindern.

Freundlichkeit

Wenn man einen Mangel, eine Angst oder eine Scham in sich kennt, kann man sich einmal hinsetzen und innerlich freundlich auf dieses alte Gefühl zugehen. Das ist dieselbe Haltung wie die, die man einem weinenden Kind gegenüber einnimmt, das sich die Knie gestoßen hat.

Wenn man sich in einer solchen Situation abwendet und dabei sagt: „Laß mich in 'Ruhe! Ich hab keine Zeit! Da ist doch gar nichts!", dann wird das Kind erst so richtig laut. Und auch dieses alte Gefühl im Keller der eigenen Psyche ...

Wenn man sich hingegen hinhockt, die Arme öffnet und sagt: „Komm mal her. Was ist denn passiert? Tut das arg weh?", dann beruhigt sich das Kind wieder, weil es gesehen und angenommen wird und seinen Rückhalt bei den Erwachsenen wieder spüren kann.

Das ist bei den eigenen „Gefühls-Konserven" nicht anders. Wenn man ihnen freundlich begegnet und vielleicht ein inneres Gespräch mit ihnen beginnt, kann man sie kennenlernen und sie entspannen sich und man kann nach und nach zusammen mit ihnen herausfinden, wie diese alten Gefühle heilen können.

Sowohl durch Ninja als auch durch Magie wird man mit den eigenen Ängsten konfrontiert, kann sie nach und nach auflösen und dadurch freier werden.

Ninja und Magie fördern die Freiheit und die Lebensfreude.

21. Anfeuerung

Das wird ganz verschieden wahrgenommen. Das kann Streß sein, wenn da so viele Leute sind. Bei Ninja macht das jedoch weniger Druck als bei anderen Veranstaltungen – aber vielleicht liegt das einfach daran, daß man weiß, daß das liebe Leute sind.

Bei mir selber, also bei einem Wettkampf, den ich selber organisiert habe, da ist das so: Wenn ich noch am testen bin, dann gehe ich vorsichtig durch die Stage und die Leute sind da ausgerastet und haben das gefeiert, daß ich durch alle Hindernisse gekommen bin, als ich das vorgemacht habe, damit alle wissen, was sie tun sollen.

Dann habe ich beim nächsten Mal noch Musik dazu abgespielt und habe bei dem Vorführ-Lauf durch die Hindernisse was dazu gesagt und habe ein paar flotte Sprüche dazu geklopft – da war Stimmung und da lief das viel lockerer.

Wenn dann Beifall kommt, ist das, als wenn man auf einmal eine Bonus-Batterie hat und da bin ich Zack! durch – das hat funktioniert.

Jetzt bei der Ausstrahlung von Staffel 7 bei RTL war das auch so. Vorher, da waren da ein paar Leute, aber das hat mir nur Streß gemacht, die hab ich einfach ausgeblendet und meinen Lauf gemacht. Aber jetzt bei Staffel 7, da kannte ich so viele davon, da war das was Persönliches. Da geht man da durch den Parcour und man spürt richtig, daß die Leute das feiern, daß die mit einem zusammen da durch gehen. Das macht richtig Spaß!

Ich habe diese Anfeuerung noch nie so intensiv erlebt wie dabei. Die war schon krass, die Wirkung von diesem Anfeuern – das merkt man! Da waren ja mehrere von unserem Verein bei der Show dabei – die haben durch den Beifall auch noch mal Gas gegeben. Ich war ja erst auf der Tribüne und bin mit den Athleten an der Seite mitgelaufen und danach bin ich selber durch den Parcour gelaufen – da war ich schon vorher aufgeladen. Da hatte ich erst die Zuschauerperspektive und dann – ups! – jetzt bin ich ja selber dran! Und dann ging's los!

In der Magie werden viele Aktionen – insbesondere die schwierigeren, wichtigeren und gefährlicheren – oft in einer Gemeinschaft durchgeführt. Das kann ein Hexen-Coven, ein Magier-Orden oder einfach eine Gruppe von Freunden sein. Bei heiklen Dingen ist ein solcher Rückhalt immer eine große Hilfe.

In der Magie gibt es die „leise Form" der Unterstützung, die vor allem in der gemeinsamen Konzentration und Visualisierung von Bildern besteht. Es gibt jedoch auch die „laute Form", die man vor allem im Zusammenhang mit afrikanischen und indianischen Tänzen findet – insbesondere bei den Sonnentänzen (die dem Rufen der eigenen Seele dienen), den Kriegstänzen und den Ahnentänzen. Das ist Trommeln und Tanzen und Stampfen und Singen und Rufen ... Man muß einmal an solchen Ritual-Tänzen teilgenommen haben, um ihre große Wirkung verstehen zu können.

Es gibt im afrikanischen Tanz auch die Anfeuerungs-Variante: Alle tanzen gemeinsam in einem großen Kreis eine einfache Bewegungsfolge und abwechselnd tanzt jemand in die Mitte und tanzt ein bestimmtes Thema oder einen Wunsch. Dabei senden die Tänzer in dem Kreis durch ihre Tanzbewegungen dem Tänzer in der Mitte Kraft zu.

Ein Unterschied zu dem Anfeuern beim Sport ist, daß bei einem Tanz mit magischem Hintergrund nicht nur die Kraft der Tänzer konzentriert wird, sondern auch die Lebenskraft der Krafttiere, Seelen, Ahnen und Gottheiten gerufen wird.

Bei dem Ninja-Wettkampf in Staffel 7, über den David eben gesprochen hat, bin ich mit im Publikum gewesen und habe auch erlebt, wie stark die „Anfeuerungs-Energie" gewesen ist. Sie war so intensiv, daß ich – obwohl ich ja nur im Publikum saß – danach so aufgeladen war, daß ich die nächste Nacht nicht zu schlafen brauchte und am nächsten Tag auch ohne Schlaf völlig fit war. Das war etwas vollkommen Neues für mich.

Chanten und Tanz

Als einfacher Versuch bietet sich das gemeinsame Singen von Mantren und Chants an. Derlei Veranstaltungen lassen sich in jeder größeren Stadt finden – allerdings haben nicht alle derartigen Treffen ein gleichhohes Niveau und eine gleichgroße Intensität.

Einen magischen Tanz zu finden, ist schon schwerer – die Chance ist bei traditionellen afrikanischen Tänzen noch am größten. Manchmal kann man auch bei den alljährlichen Rainbow-Camps solche Tänze finden.

Der Rückhalt in einer Gruppe und die Anfeuerung durch sie ist eine sehr reale Unterstützung – man wird mit zusätzlicher Lebenskraft aufgeladen.

Lebenskraft-Geschenke durch die Unterstützung durch eine Gemeinschaft vergrößern die eigenen Möglichkeiten.

69

22. Meister Yoda

Ich sag mal so: Mindestens 50% bei uns im Training geht es nicht darum, daß ich denen erkläre, wie sie das technisch auf die Reihe kriegen – ja, jedenfalls ein sehr großer Anteil – sondern wie sie das mit dem Kopf hinkriegen, wie sie sich das vorstellen können, wie sie sich das visualisieren können, wie sie das Vertrauen finden können, daß das klappt, wie sie sich ein Backup konstruieren können, wenn was schiefgeht, was sie tun können, wenn sie etwas Neues versuchen und Schiß haben, wie man sich schrittweise an was Schwieriges rantasten kann – nicht weil das physisch notwendig wäre, sondern weil sonst der Kopf nicht mitspielen würde ... vor allem, wie man das visualisiert, wie man sich das vorstellt und das dann bei dem Lauf abspult. Das sind alles Sachen, die spielen sich im Kopf ab.

Die Leute erkennen diese Zusammenhänge nach einer Weile. Da war z.B. mal eine Frau im Parcour-Training, die wollte einen Salto machen, und sie wußte genau, sie kann es. Dann hab ich ihr ein paar Sachen dazu gesagt und auf einmal war sie richtig genervt und ich dachte „Was ist los?!" Doch die war nicht davon genervt, wie ich es ihr erklärt habe, sondern davon, daß sie genau wußte, daß sie es kann – und daß ich genau wußte, daß sie es kann, hat's auch nicht einfacher gemacht. „Du mußt es nur tun – der Rest ist Kopf." Ich hab sie dann direkt damit konfrontiert – und ich meine, sie hätte den Salto dann auch gemacht, aber ich bin mir nicht mehr ganz sicher.

Auch wenn die Leute Schmerzen haben – Zahnschmerzen z.B. oder wenn ihnen schlecht ist – habe ich ihnen manchmal einfache Meditationen gezeigt. In der Regel waren das Visualisierungen – die haben dann auch geholfen und die Leute waren dann immer ganz verblüfft.

Mein Vater macht sowas eher mit Fußreflexzonenmassagen, aber diese Fußpunkte kenne ich selber nicht.

Dann gibt es da ja noch diese ganzen nicht-wissenschaftlichen Erlebnisse. So ganz hundertprozentig in mein Weltbild integriert hab ich die noch nicht ...

Aber klar, Telepathie und sowas gibt's – da bin ich auf jeden Fall dabei. Das hab ich ja gründlich kennengelernt – vor allem mit meinem Vater. Das ist einfach viel zu viel für Zufall gewesen.

Ich habe auch eine zeitlang meditiert, das hat mir sehr geholfen – aber bei der Meditation verschwimmt die Grenze: Was ist jetzt magisch und was ist „die Psyche im Griff haben" und sich selber gut kennen?

Telekinese gibt's auch. Das ist absurd, aber die gibt's. Da weiß ich zumindestens auch im ganz Kleinen, wie ich die produzieren kann, aber eben nur mit so einem Papierrädchen auf einer Nadelspitze – aber auf mehr hab ich's auch noch nicht angelegt.

Also, mir genügt es auch zu wissen, daß es das gibt. Denn wenn es das gibt, gibt es auch noch andere Sachen – das ist ja völlig unrealistisch, daß das das einzige Phänomen sein könnte. Ja, und zu wissen, daß Gedanken so etwas bewegen können, ist ganz geil. Wenn die ein Stück Papier bewegen können, dann können die, was innere Prozesse angeht, noch viel mehr ausrichten. Eigentlich genügt es mir zu wissen, daß die Gedanken sauviel Kraft haben.

Das kann nicht Wärme sein, was das Rädchen bewegt – das kann ich durch viel Ausprobieren ausschließen. Dafür dürfte das Rädchen auch nicht symmetrisch sein, sondern müßte eine Propellerform haben, die es aber nicht hat. Ich hab das Rädchen ja auch schon mal unter einer Glasglocke drehen können, als ich lange geübt habe – das war zwar nur eine Achtel-Rotation, die ich geschafft habe, aber es hat sich gedreht. Wieviel es sich gedreht hat, ist ja völlig egal – es hat sich gedreht. Es geht auch unter Glas und da kommt keine Wärme von den Händen hin und auch kein Luftstrom. Es gibt da auf jeden Fall irgendwas.

Wenn es da irgendeine komische Wechselwirkung gäbe, die da auf irgendeine komische Art getriggert wird, dann wirkt da ja ein ganz fragiles System sehr stark auf das Papierrädchen. Und Nervenbahnen, wo die ganzen Gedanken ja biologisch angesiedelt sind – das ist ja deutlich fragiler als ein Stück Papier auf einer Nadel. Das paßt als Ursache und Wirkung nicht zusammen: schwache Ursache – starke Wirkung. Das geht nicht.

Und wenn ich das akzeptiere, daß es die Telekinese gibt, dann akzeptiere ich ja gleich auch, daß es Ausstrahlung und so was gibt – das ist ja durchaus etwas, was man beobachten und spüren kann, auch wenn man das vielleicht nicht so leicht fassen kann.

An der Astrologie ist auf jeden Fall auch was dran – wenn man das mal statistisch sieht. Mein Horoskop beschreibt mich einfach viel zu gut, als daß das Zufall sein könnte. Auch bei anderen hab ich das schon erlebt, die ich nicht gut kannte – wenn ich denen das Horoskop ausgerechnet und gedeutet habe und das dann echt präzise gepaßt hat. Man könnte die Horoskope ja auch einfach mal vertauschen – aber dann paßt es nicht mehr. Es scheint also zu funktionieren.

Ich hab's aber noch nicht so ganz akzeptiert, weil das für mich keinen Sinn macht. Also, daß Horoskope funktionieren, nervt mich so'n bißchen, aber ich kann's als Werkzeug benutzen, wenn Ich sie brauche.

Bei Telepathie kann ich das irgendwie annehmen – daß Menschen noch auf einer anderen Ebene kommunizieren, ist noch greifbarer als daß irgendwelche Planeten mit irgendwelchen Analogien den Charakter beeinflussen ... das klingt für mich total bescheuert! Aber ich kann das auch nicht leugnen, denn wenn man's richtig macht, funktioniert's halt leider – laut Statistik, Bobachtung und so – das funktioniert eben.

Meister Yoda ist heutzutage sicherlich das Urbild für jemanden, der sowohl sportlich als auch magisch zu außergewöhnlichen Dingen fähig ist.

Das, was sportlich möglich ist, läßt sich anhand von Filmen recht gut einschätzen – insbesondere, wenn man sich auch Filme über fernöstliche Kampfsportarten anschaut.

Das, was magisch möglich ist, läßt sich bei weitem nicht so gut einschätzen, da man bei diesem Thema Filmen in der Regel nicht trauen wird, wenn sie etwas anderes zeigen als das, was man bisher auch selber schon einmal erlebt hat und was dem eigenen Weltbild zufolge demnach möglich ist. Dieses Mißtrauen ist ja auch sinnvoll, da es den Realitätsbezug intakt hält – und den sollte man ja schließlich niemals verlieren. Man sollte aber auch nicht von vornherein denken, daß alles andere als das, was man schon kennt, unmöglich sein muß – das behindert das Lernen viel zu sehr.

Solche Experimente wie der Shaolin-Versuch (Hand auf einem Zaunpfosten festhalten) oder der Stuhl-Versuch (jemanden mit den Zeigefingern hochheben), zeigen schon mal, daß auch nicht-physikalische Dinge, also Telekinese möglich sind.

Um zu einer routinierten und zuverlässigen Telepathie und Telekinese zu gelangen, ist es – wie in allen Lebensbereichen – notwendig, ihre Dynamik zu verstehen und zu berücksichtigen. So sind die magischen Handlungen z.B. alle von der Motivation des Betreffenden abhängig. Man kann eine körperliche Handlung schematisch und auf Befehl durchführen. Bei einer magischen Handlung ist das jedoch nicht möglich – ganz einfach, weil sie vom Bewußtsein ausgeht. Und wenn das Bewußtsein nicht will, passiert auch in der Magie nichts. Eine magische Wahrnehmung oder Wirkung ist nur möglich, wenn genügend Gefühl oder Wille dahinter steht – der Verstand alleine genügt nicht.

Aber auch dann, wenn man diese „Magie-Regeln" berücksichtigt, wird man nicht gleich zu einem Yedi-Ritter. Um z.B. Fernhypnose durchzuführen, braucht man eine große Motivation und am besten auch noch einiges an Sachkenntnis, Übung und Geschick.

Genauso steht es mit Fernstößen, wie sie aus dem chinesischen Shaolin Kung Fu oder aus dem russischen Systema bekannt sind. Das sind Stöße, die nur als Geste oder auch nur visualisiert durchgeführt werden, aber trotzdem jemanden, der 5m entfernt steht, umstoßen.

Das, was für die meisten „Padawans" den Fähigkeiten von Meister Yoda im realen Leben noch am nächsten kommt, ist die Unterstützung einer physischen Handlung durch Telekinese wie bei dem schon erwähnten Shaolin-Versuch und dem Stuhl-

Versuch. Das ist das, was die Kinder beim „Star Wars"-Spielen auf dem Schulhof einen „Macht-Sprung" nennen.

In der Telepathie auf ein gutes Niveau zu kommen, ist nicht so schwierig – hier hilft Übung und vor allem die kreative und häufige Anwendung im Alltag.

Das Militär ist bekanntermaßen recht pragmatisch eingestellt und interessiert sich wenig für Weltanschauungsfragen, sondern nur dafür, was funktioniert – hierin gleichen die Militärs den Kampfsportlern, den Managern und den Politikern. Daher findet sich in dem Systema-Ausbildungsbuch ein ganzes Kapitel über den „6. Sinn", also über die Telepathie. Von den russischen SpezNas (Spezialabteilung des Militärs), die das Systema üben, wird vor allem das Vorhersehen der nächsten 2 Minuten geübt, da der Kämpfer dadurch die Bewegungen seines Gegners wie in einem zeitversetzten Film schon sieht, bevor der Gegner diese Bewegungen überhaupt beschlossen hat.

Viele Menschen kennen jedoch die ungeübte Variante dieser „2 Minuten Zukunftschau": Man ahnt auf einmal, was gleich passieren wird.

Shaolin & Co.

Um diese „Meister Yoda"-Möglichkeiten kennenzulernen, ist es am einfachsten, einen guten Lehrer in Shaolin, Karate, Systema o.ä. aufzusuchen.

Allerdings geschehen viele dieser fortgeschritteneren Magie-Formen nicht „auf Bestellung", sondern spontan in der Situation, in der sie gebraucht werden.

Der Licht-Stab

Person A streckt seinen Arm waagerecht aus. Person B legt ihre linke Hand auf den Bizeps des ausgestreckten Armes von Person A und drückt mit seiner rechten Hand die Hand von A nach oben – Kinderspiel ...

Nun hält A seinen Arm ganz entspannt und stellt sich lediglich vor, einen Lebenskraft-Lichtstrahl in seinem Arm zu halten – das sieht ungefähr wie ein Lichtschwert aus „Star Wars" aus. B versucht wie zuvor, den Arm von A anzuwinkeln – keine Chance!

Der Licht-Ring

Das läßt sich noch steigern: Person A hält ihre Zeigefingerspitze auf ihre Daumenspitze. Person B versucht mit beiden Händen, den Daumen von A von dem Zeigefinger von A zu trennen, sodaß der „Finger-Ring" geöffnet wird. Das ist natürlich nicht sonderlich schwer ...

Nun stellt sich A vor, daß seine beiden Finger von einem Licht-Lebenskraft-Ring zusammengehalten werden. Daumen und Zeigefinger sind dabei entspannt. Nun versucht B wieder, diesen „Finger-Ring" zu öffnen – vergeblich.

Telepathie, Telekinese, Astrologie und ähnliches läßt sich durch eigene Versuche erleben und nachweisen. Das Niveau von Meister Yoda zu erreichen, ist jedoch nicht so einfach und erfordert viel Talent, Übung und Motivation – und das, was mithilfe von Magie erreichbar ist, stimmt auch nicht hundertprozentig mit den Fähigkeiten von Meister Yoda überein.

Magie ist real – und für jeden möglich. Und sie ist nützlich.

23. Das Krafttier

Vor ungefähr 10 Jahren bin ich mit meiner Schwester, unserer Mutter und deren Freundin am Bodensee in Urlaub gewesen. An einem Tag haben wir einen Ausflug gemacht – die drei anderen jeweils mit dem Fahrrad, ich mit den Inlinern.

Als wir auf dem Rückweg auf eine Kiesstrecke kamen, hat meine Mutter mich hinten auf ihrem Gepäckträger mitgenommen, da ich dort auf dem Kies nicht mit den Inlinern fahren konnte. Nach einer Weile habe ich dann jedoch die Inliner ausgezogen und auf den Gepäckträger gepackt und bin neben den Fahrrädern her gejoggt.

Nun bin ich zwar gut im Sprinten, aber nicht in der Ausdauer und war daher ziemlich schnell k.o. Da fiel mir ein, daß ich doch einen Hirsch als Krafttier habe – den habe ich auf einer „Traumreise zur eigenen Mitte" kennengelernt, die mein Vater angeleitet hat. Da ein Hirsch ein ausdauerndes Tier ist, bin ich ganz in das „Hirsch-Gefühl" hineingegangen und habe mir vorgestellt, ein Hirsch zu sein. Zusätzlich habe ich noch meinen Atem mit meinen Laufbewegungen synchronisiert.

Da wurde das Laufen auf einmal ganz einfach und hat richtig Freude gemacht und ist zu etwas Fließendem geworden – und ich bin noch vor den anderen drei auf ihren Fahrrädern zurück zuhause gewesen ...

Wenn man viel meditiert oder des öfteren Traumreisen unternimmt, wird man früher oder später sein Krafttier kennenlernen. Das ist das, was die Indianer „Totem" nennen. Viele indianische Namen beziehen sich auf dieses Totem: „Weißer Büffel", „Schwarzer Hirsch", „Roter Biber", Sitzender Büffel", „Verrücktes Pferd", „Strauchelnder Bär", „Kleiner Wolf" usw.

Es gibt eigentlich drei solche „Verbündeten": das Krafttier, die Kraftpflanze und den Kraftstein. Das Krafttier ist das Tier, das der eigenen Art der Bewegung und Dynamik am ähnlichsten ist; die Kraftpflanze ist die Pflanze, die der eigenen Haltung am ähnlichsten ist; und der Kraftstein ist der Stein, der den eigene Strukturen am ähnlichsten ist. Mit diesem Tier, dieser Pflanze und diesem Stein ist man ganz einfach deshalb „verbündet", weil der Stil dieser drei Wesen dem eigenen Stil sehr ähnlich ist.

Das bedeutet, daß man am effektivsten ist, wenn man sich wie diese drei Wesen verhält – oder sich ganz einfach vorstellt, die Gestalt eines dieser Wesen anzunehmen. Man kann in vielen Bereichen die eigenen Möglichkeiten und die eigene

Leistung steigern, wenn man sich innerlich mit diesen Wesen verbindet.

Davids Geschick, sich an Leisten festklammern zu können, entspricht z.B. seiner Kraftpflanze, also dem Efeu, das sich mit seinen Wurzeln ja auch überall festklammern kann.

Diese drei Wesen spielen auch in der Homöopathie ein große Rolle. Regt sich jemand immer gleich auf und tigert durch den Raum? Dann braucht er ein tierisches Mittel, da es offenbar um Bewegung geht. Macht jemand immer wieder dieselbe Geste, egal was er erzählt? Dann braucht er ein pflanzliches Mittel, da es offenbar um eine Haltung geht. Beharrt jemand immer wieder auf einem bestimmten Zusammenhang? Dann braucht er ein mineralisches Mittel, da es offenbar um eine Struktur geht.

Diese drei Mittel – also das tierische, pflanzliche und mineralische Mittel – die dem eigentlichen, ursprünglichen, wahren Wesen eines Menschen entsprechen, nennt man in der Homöopathie „Konstitutionsmittel".

Es kann zu einem sehr großen „Aha!" führen, wenn man sein Krafttier kennengelernt hat und dann einmal ein Buch über das Verhalten, die sozialen Strukturen u.ä. der betreffenden Tierart liest. Seit ich weiß, daß ich eine Wölfin als Krafttier habe und einmal ein Buch über das Verhalten von Wölfen gelesen habe, verstehe ich mein eigenes Verhalten sehr viel besser – es ist eben ein Wolfsrudel-Verhalten ...

Das Krafttier rufen

Die einfachste Methode, sein Krafttier kennenzulernen, ist es, sich hinzusetzen und es innerlich zu rufen und zu schauen, welches Tier vor dem inneren Auge erscheint. Bei den Prärie-Indianern würde man sich dazu drei Tage in die Einsamkeit zurückziehen und fasten. In Afrika würde man dazu in den Busch gehen und dort trommeln – immer denselben, einfachen Rhythmus. Bei manchen Völkern setzt man sich dazu in eine Höhle oder auf einen Berg. Man kann sich auch innerlich den Weltenbaum vorstellen und schauen, welches Tier hinter dem Baum hervorkommt, wenn man es ruft. Es gibt noch einige andere Methoden wie z.B. die Traumreise. Manche Methoden wie das Achten auf das erste Tier, das nach der Geburt im Zusammenhang mit dem Kind zu sehen ist, sind eher unsicher.

Es macht auch nichts, wenn man nicht gleich sein Krafttier richtig erkannt hat – man kann auch zu anderen Tieren eine enge Beziehung aufbauen, wie ich z.B. zu Eichhörnchen. Wenn man sein Krafttier gefunden hat, wird man es fühlen und an seiner Wirkung erkennen.

Das Verstehen der eigenen drei Verbündeten kann längere Zeit dauern. Dabei können die homöopathischen Beschreibungen der Mittel, die z.B. aus der Milch einer Wölfin, aus Thuja-Samen und aus Bergkristall hergestellt werden (das sind meine drei Verbündeten), weiterhelfen und ebenso die Mythen dieser Wesen. Auch Traumreisen *zu ihnen sind hilfreich.*

Am wichtigsten ist jedoch immer der Umgang mit ihnen: Man kann sie z.B. bei Krankheiten um Hilfe bitten; man kann sie fragen, ob sie einen Wunsch haben; man kann sie fragen, was ihnen Spaß machen würde und das dann mal ausprobieren und schauen, ob das einem selber auch Spaß macht; usw.

Das Krafttier zeigt den Stil, in dem man Dinge am einfachsten tun kann. Die Kraftpflanze zeigt die Haltung, die einem selber guttut. Der Kraftstein zeigt die Art, in der man sein Leben strukturieren sollte, damit es gedeihen kann.

Ich tue es auf meine Weise ...

24. Handwerk und Kunst

Der handwerkliche Teil ist trainingsbasiert: Du lernst bestimmte Techniken, Du wendest sie an. Das sind lauter Details, wann tust Du beim Schwingen die Füße nach vorne, wann nach hinten, wie biegst Du den Körper – Du bewegst Dich dann nach bestimmten Schemen, die Du lernen kannst, die Du trainieren kannst. Und wenn sie gebraucht werden, werden sie abgefragt und durchgeführt.

Was dann auch wichtig ist, ist das Selbstvertrauen, daß man es schafft. Man schaut sich die Hindernisse in dem Lauf an und visualisiert, wie man das macht. Und man hat das Bild, daß man es schafft. Du siehst bei den Leuten schon beim Start, ob sie dies Selbstvertrauen haben oder ob sie zweifeln, daß sie es schaffen. Du merkst oft auch selber schon, ob es klappt oder nicht – schon bevor es passiert.

Der nächste Schritt ist, daß man das auch beim Training schon spürt, ob man ein Hindernis schafft oder nicht – und wenn man spürt, daß das schiefgehen würde, bereitet man sich erst noch mal weiter vor durch schrittweises Üben oder Visualisieren oder so etwas. Auch das kann man auch von außen her sehen.

Genauso sieht man, ob das jemand mit Überzeugung und klarer Ausrichtung und Selbstsicherheit macht oder nicht.

Manchmal freue ich mich schon vor einem Hindernis, weil ich spüre: „Das klappt! Das klappt! Das klappt!" Und dann klappt es auch – das ist natürlich nicht hundertprozentig sicher, aber doch ziemlich sicher. Aber man muß dabei natürlich trotzdem im Augenblick bleiben.

Und dann gibt es natürlich noch den Schritt, daß man auf einmal ein Hindernis intuitiv ganz anders macht, als man das sich gedacht hat. Da kommt auf einmal spontan eine ganz andere Bewegung, die viel besser und viel effektiver ist – und solche Bewegungen haben etwas Fließendes. An denen ist nichts Geplantes oder Steifes oder so, das sind keine trainierten Bewegungen – das ist ein Fließen, bei dem man sozusagen mit dem Hindernis tanzt, oder eine gemeinsame Bewegung mit ihm macht – also, daß fühlt sich eben so mühelos an, als wenn man das gemeinsam machen würde. Diese Bewegung paßt dann ganz genau, es ist genau die richtige Bewegung – also „richtig" in dem Sinne, daß es die passendste und effektivste Bewegung ist.

Es gibt zwei Arten von Magie: zum einen die gewöhnliche Magie, in der auf handwerkliche Weise eine kleine Wirkung hervorgerufen wird, wie z.B. das telepathische Wiederfinden eines verlorenen Gegenstandes oder das Herbeirufen einer Beziehung – und zum anderen die außergewöhnliche Magie, die spontan und vollkommen formlos geschieht wie z.B ein Feuerlauf, das Anheben eines LKWs durch die Mutter des Kindes, das unter einen der Reifen geraten ist, plötzliche Heilungen oder Materialisationen und ähnliches mehr.

Die gewöhnliche Magie ist Absicht und geplant – die außergewöhnliche Magie geschieht ungeplant im Fluß des Lebens.

Bei der gewöhnlichen Magie weiß man, wie man es machen muß – bei der außergewöhnlichen Magie weiß man nicht, wie sie funktioniert, sondern man macht es einfach.

Die außergewöhnliche Magie ist bei ihrer Durchführung sehr viel unspektakulärer als gewöhnliche Magie – die Ergebnisse sind hingegen sehr viel spektakulärer.

Die gewöhnliche Magie lenkt den Zufall – die außergewöhnliche Magie setzt die Naturgesetze außer Kraft.

Die gewöhnliche Magie kann man lernen – die außergewöhnliche Magie kann man nur tun.

Eine der Regeln im Shaolin Kung Fu ist, daß man die Bewegungen immer genau nach den festen Regeln trainiert, aber das man sich im Kampf ganz ohne feste Regeln und stattdessen vollkommen intuitiv bewegt. Auch dies ist „Handwerk" und „freier Fluß".

Auch beim Bogenschießen im Zen übt man ebenfalls zunächst die grundlegenden Abläufe, aber man übt gleichzeitig auch eine innere Haltung: Man wird innerlich eins mit dem Ziel. Das hat die erstaunliche Wirkung, daß man auch Ziele präzise mit dem Pfeil treffen kann, die man nicht einmal sehen kann, weil sie z.B. hinter einer Wand verborgen sind. Das ist dann kein Handwerk mehr, sondern Kunst.

Feuerlauf

Der bereits in einem früheren Kapitel empfohlene Feuerlauf ist die am einfachsten realisierbare Möglichkeit, einmal etwas Unmögliches zu tun, ohne daß man irgendeine Anleitung dafür erhält oder erhalten kann. Man tut einfach mal etwas, was nicht möglich ist.

Ein solches Erlebnis bleibt nicht ohne Auswirkungen auf das eigene Selbstbild und auf das eigene Weltbild.

Das Handwerk ist im Ninja und in der Magie verständlich, planbar und erlernbar. Die Kunst ist hingegen sowohl im Ninja als auch in der Magie spontan, ohne Form und entsteht im freien Fluß der Bewegungen.

Das Handwerk ist feste Form – die Kunst ist freies Fließen.

25. Wirkungen im Leben

Man entwickelt sich sehr viel weiter. Man lernt, sich Ängsten zu stellen, denn jeder hat Hindernisse, vor denen er Schiß hat oder die er nicht mag oder so.

Da ist es ein wichtiger Schritt, sowohl das Hindernis als auch die eigene Angst zu analysieren. Dann schaut man, was eigentlich los ist: „O.k., Du hast also Schiß, da runter zu fallen. Was kann denn da passieren?" Also läßt man sich mal absichtlich da runter fallen.

Dann geht man schrittweise durch das Hindernis und schaut sich jeden Schritt an und übt ihn evtl. oder macht genau das, wovor man sich fürchtet wie z.B. das Runter-fallen. Dadurch wird die Angst von einem Phantasiegebilde zu einem realen Erlebnis – und man stellt fest, daß das reale Erlebnis überhaupt nicht schlimm ist.

Das Problem mit der Angst vor dem Abstürzen ist nicht der Absturz selber, sondern die Angst vor dem Absturz.

Dann gibt's natürlich noch das Erlebnis von Gemeinschaft, das auch eine positive Wirkung auf die eigene Entwicklung haben kann.

Auch die Entdeckung der eigenen Kreativität in Bewegungen kann den Mut zur Kreativität im Alltag wecken.

Da gibt es vieles, was eine Wirkung haben kann – das hängt von dem Einzelnen ab, wo der gerade steht.

Die Wirkungen der Magie im Leben sind einfach zu beschreiben: Das Weltbild weitet sich, man erhält neue Möglichkeiten, man heilt seine Mangelgefühle, seine Ängste und seine Scham, man wird effektiver, man erreicht mehr von dem, was man will ... und es entsteht ein tieferes, klareres und realitätsnäheres Selbstbild. Man übernimmt zunehmend die Verantwortung für sein eigenes Leben.

Wenn dann das Selbstbild der eigenen Wahrheit (Seele) entspricht, ist man weit-gehend geheilt – dann werden auch die eigenen Erlebnisse zu diesem Heilsein passen und folglich angenehm sein.

Selbstliebe

Zu diesem Thema gibt es keinen einfachen Versuch, den man durchführen kann. Man kann jedoch einfach mal damit beginnen, in seinem Leben die beiden Sprüche über dem Eingang des Orakels von Delphi zu berücksichtigen: „Erkenne Dich selbst." und „Nichts im Übermaß."

Dem kann man noch hinzufügen „Liebe Dich selbst."

Ninja und Magie haben im Leben dieselbe Wirkung: die Überwindung der Ängste, die Selbsterkenntnis, die Eigenständigwerdung und ein erfüllteres Leben als vorher.

Lebe aus Deinem Herzen heraus.

26. Altersgruppen / Männer und Frauen

In der Ninja-Show war das früher ab 18, jetzt ist es ab 16, bei den Ninja-Kids ist es in zwei Gruppen eingeteilt: 10-11 Jahre und 12-13 Jahre. Das ist bei der RTL-Show die Regelung.

Bei meinen Ninja-Trainings haben ich eins ab 8, eins ab 12, zwei ab 16. Es gibt auch viele Kids, die jünger sind und das lernen wollen, aber das funktioniert noch nicht ... das ist dann wie ein Kindergarten ... Die wollen dann vor allem beschäftigt sein und Faxen machen – das kann man auch machen, aber das ist dann Kinderbetreuung mit Sport-Aspekt.

Die Leute, die ich im Moment trainiere, sind zwischen 8 und 57.

Wenn ich das zu schätzen versuche, würde ich sagen, daß bei den Gruppen, die ich mache, der Schwerpunkt so zwischen 20 Jahre und 30 Jahre liegt. Das kann aber auch daran liegen, daß ich selber so alt bin und deshalb am besten mit diesen Leuten kann, weil das dann so ein Miteinander-Training ist.

Der Frauenanteil liegt bei ca. 30% – auch schon bei den Kids. Ab einer bestimmten Schwierigkeit ist einfach Schluß für die Frauen, weil die Männer stärker sind. Es gibt daher einige, die das gut finden, wenn Männer und Frauen gemeinsam in den Wettkämpfen auftreten – und andere finden es besser, wenn das getrennt läuft. Es gibt inzwischen auch Wettkämpfe, wo nur Mädels am Start sind – und da ist richtig viel los!

Da gibt's aber auch die Stefanie Edelmann – sie macht Bouldern (Klettern), sie ist in der österreichischen Nationalmannschaft vom Turnen gewesen und sie ist eine superklasse Skifahrerin und die räumt bei Ninja regelmäßig ab. Sie ist bei „Ninja-Warrior Germany" auf Platz 6 gewesen – sie war also die sechstbeste von allen deutschen Ninja-Männern und Ninja-Frauen.

Es gibt in der Magie keine typische Altersgruppe. Manche fangen schon als kleines Kind damit an – die werden sozusagen damit geboren. Die haben dann Visionen, sehen die Zukunft, erinnern sich an frühere Leben, machen regelmäßig Astralreisen (den eigenen Körper verlassen), erleben ständig Telepathie usw.

Ich selber habe z.B., als ich 5 Jahre alt war, mich selbst in dem Hexenhaus am Waldrand gesehen, in das ich mit 33 Jahren gezogen bin – sogar der alte Herd, die

Schränke, die eingebauten Wandregale und die Felder draußen vor dem Fenster waren genau dort, wo ich sie mit 5 Jahren gesehen hatte. Zwischendurch – bevor ich 33 Jahre alt geworden war – habe ich diese Bilder jedoch auch mal für Erinnerungen an ein früheres Leben gehalten ... Das ist nicht so einfach zu unterscheiden, weil sich das „in die Zukunft sehen" fast genauso anfühlt wie das „Erinnern" – schließlich ist ja beides eine zeitliche Ausdehnung des Bewußtseins.

Auch das in der Magie, der Astrologie, der Homöopathie usw. so wichtige Analogie-Prinzip habe ich schon mit 10 Jahren entdeckt: Als eine meiner Schwestern einmal Schmerzen wegen der Luft in ihrem Bauch hatte, habe ich ihr intuitiv geraten, ganz viel Sprudel zu trinken – da kam die Luft im Bauch zusammen mit dem Sprudel durch Rülpsen raus und die Bauchschmerzen waren weg. Das nennt man heute „Gleiches mit Gleichem heilen".

Es hat den Anschein, als ob die Magie oft in der späten Pubertät entdeckt werden würde. Der erste Kontakt mit der Magie im Alter von über 20 Jahren scheint eher selten zu sein.

Manchmal führen auch Erlebnisse im Zusammenhang mit Drogen zu der Neugier auf Magie, aber das ist nicht die Regel.

Es gibt in der Magie – soweit ich das einschätzen kann – ungefähr gleich viele Männer und Frauen, möglicherweise mit einem leichtem Übergewicht bei den Männern.

Allerdings suchen Männer in der Magie eher Macht, Konzepte, Regeln, Gebrauchsanleitungen und Orden – Frauen suchen hingegen eher Gemeinschaft, Intuition, Gefühl, Schutz, Natur, Hingabe, Spontanität. Allerdings ist das keine strenge Trennung, sondern es gibt beides jeweils auch beim anderen Geschlecht.

Sowohl bei den Ninjas als bei den Magiern gibt es Männer und Frauen – der Frauenanteil bei den Ninjas beträgt ca. 30%, bei den Magiern ca. 50%.

Sowohl Ninjas als auch Magier beginnen vor allem im Alter von 10-20 Jahren. Der Hauptteil der Aktiven liegt im Ninja – körperlich bedingt – bei 20-30 Jahre. Ob das Interesse an dem Sport lebenslang bestehen bleibt, läßt sich noch nicht absehen, da diese Sportart noch recht jung ist – die gar nicht so seltenen älteren Ninjas lassen jedoch ein lebenslanges Interesse vermuten. Bei den Magiern scheint es keine obere Altersgrenze zu geben – schließlich ist dies eine Bewußtseins-Tätigkeit.

Einmal Ninja, immer Ninja – einmal Magier, immer Magier.

27. Voraussetzungen

Eine physische Voraussetzung ist, daß man sich an einer waagerechten Stange festhalten kann – vorher wird's schwierig, anzufangen. Bis dahin muß man selber kommen, denn das ist die Grundvoraussetzung, um Ninja trainieren zu können. Ab da kann man dann schauen, wie man weitermacht.

Natürlich ist es ein Vorteil, wenn man vom Sport, vom Parcour oder vom Bouldern zum Ninja kommt – da hat man dann schon mal ein ziemlich gutes Grund-Set an Fähigkeiten, die man dann quasi adaptieren kann. Das ist ein großer Vorteil, aber das ist kein Muß. Es gibt Leute, die haben vorher keinen Sport gemacht, die das dann trotzdem lernen – natürlich lernen die langsamer, weil die ganz vorne anfangen müssen.

Und mental ... ja, der Spaß am Ninja ist wichtig, denn ohne den hat man keinen Bock auf so'n komisches Zeug. Wenn man einfach nur ein Training sucht, das man so abspult, um fit zu bleiben – na gut, daß kann man auch im Ninja machen, aber das ist eigentlich ein anderes Ziel als das, was im Ninja allgemein üblich ist, also der Spaß an der Bewegung.

Ja, ein bißchen Selbständigkeit ist nicht schlecht – sonst hat man wenig Motivation und es wird auch schwierig mit der Kreativität. Ohne die Selbständigkeit macht man halt ein Hindernis und dann das nächste und das nächste – und fragt sich nicht: „Was will ich eigentlich machen?"

Man sollte auch ein bißchen reflektieren: „Was kann ich denn? Was will ich lernen?" Sonst ist Ninja vielleicht nicht die richtige Sportart ...

Es gibt keine bestimmten Voraussetzungen für das Erlernen von Magie – schon deshalb nicht, weil die Menschen so verschieden sind und weil auch die Arten und Weisen, auf die man Magie durchführen und nutzen kann, genauso verschieden sind. Nicht jeder hat das Talent, andere zu hypnotisieren – aber auch nicht jeder hat den Wunsch, das zu können.

Manche Dinge kann offenbar jeder. So ist z.B. eine Familienaufstellung eine Form der kollektiven Telepathie, zu der jeder fähig ist.

Ein gewisses Maß an Romantik scheint notwendig zu sein, d.h. ein Gespür für die Verbindung zum Ganzen – aber auch diese ist bei jedem Menschen in der einen oder anderen Form vorhanden. Astrologisch gesehen ist dies der Neptun, der schließlich in jedem Horoskop steht.

Ein gewisses Verständnis für Analogien ist in der Magie sicherlich hilfreich, aber auch nicht unbedingt notwendig.

Sachlichkeit ist ausgesprochen förderlich, da sie hilft, Experimente durchzuführen und sie dann anschließend unvoreingenommen zu beurteilen – und sich so den soliden Realitätsbezug zu bewahren.

Die Magie kann natürlich auch durch einen regen Forschergeist unterstützt werden.

Auch Mut und die Bereitschaft zur Selbsterkenntnis sind bei jedem Zauberlehrling sehr willkommen.

Eine gewisse Ausdauer, d.h. die Beschäftigung mit der Magie über einen längeren Zeitraum hinweg, führt generell zu besseren Ergebnissen, da nur so ausreichend viel Erfahrung und somit auch Sachkenntnis entsteht.

Doch es geht auch ohne all diese Dinge, wie das schon angeführte Beispiel meiner Uroma zeigt, die einfach deshalb, weil sie es wollte, bei drei Gelegenheiten jeweils mit einem Los den Hauptgewinn gezogen hat.

Familienaufstellung

Bei einer Familienaufstellung hat ein Teilnehmer ein Problem, bei dessen Lösung er Hilfe braucht. Der Leiter schaut, welche Personen an dem Problem beteiligt sind, und bittet dann verschiedene Teilnehmer, diese Personen darzustellen. Das können z.B. die Mutter, die Schwester und der Großvater des Ratsuchenden sein. Diese Teilnehmer stellen sich dann z.B. auf einen großen Teppich, der sozusagen die Bühne für die Familienaufstellung ist.

Sobald die Teilnehmer auf dieser Bühne sind, verhalten sie sich wie die Personen, die sie darstellen, obwohl sie nichts über diese Personen wissen. So verhält sich z.B. der Mann, der den Großvater des Ratsuchenden darstellt, auf einmal völlig cholerisch und hinkt auf dem linken Bein – so wie der reale Großvater, von dem der Teilnehmer diese Eigenschaften jedoch noch nicht gewußt hat.

Das Gefühl, daß man dabei hat, läßt sich durch Worte nicht vermitteln – das muß man selber erleben.

Es gibt keine Voraussetzungen für Ninja und für Magie. Es gibt natürlich körperliche Beeinträchtigungen, die Ninja weitgehend unmöglich machen.

Ninja und Magie stehen für alle offen.

28. Gefahren

Man kann sich natürlich auch verletzen – aber das kann man auch beim Treppensteigen. Und natürlich passiert auch hin und wieder mal was, aber ich habe nicht das Gefühlt, daß die Unfallquote unvertretbar hoch wäre.

Man kriegt natürlich oft Blasen an den Händen, die dann aufgehen. Das ist natürlich nervig, aber ansonsten gibt es nichts, was regelmäßig passieren würde.

Man muß natürlich schauen, daß man eine gewisse Kraft aufbaut und erst dann die Gelenke belastet. Denn sonst schadet man den Gelenken. Wenn man irgendwo dranspringt und die Hand macht auf, damit man da hängen kann, aber die Schulter macht das nicht mit und dann zieht's in den Muskeln – das ist dann schlecht für das Gelenk ...

Gefahren gibt es überall – im Straßenverkehr, bei Infektionen, durch bissige Hunde usw. Man kann sich jedoch durch ein umsichtiges Verhalten weitgehend vor diesen Gefahren schützen – das gilt auch in der Magie.

Von diesen allgemeinen Umständen einmal abgesehen, regt die Magie die Begegnung mit dem eigenen Schatten an, d.h. alles Ungeheilte im eigenen Inneren wird einem nach und nach bewußt. Alle Macken erscheinen vergrößert und rufen nach Heilung: der Mangel des Süchtigen und des Asketen, die Angst des Täters und des Opfers, die Selbstzweifel des Angebers und des Schüchternen – doch diese „Begegnungen mit dem eigenen Schatten" ermöglichen eine gründliche Heilung, durch die man dann die Fülle, die Kraft und die Selbstliebe wiederfinden kann.

Bei der Beschäftigung mit Magie oder Meditation wird auf Dauer kein Trauma unbemerkt und unentdeckt bleiben – und kann daher geheilt werden. Das ist alles sehr unangenehm, aber es ist ein Heilungsschmerz, ein Gesundungsfieber.

Es gibt natürlich auch noch andere Arten von Gefahren, die man allerdings auch in anderen Lebensbereichen hat: Wenn man Kampfmagie erlernt, wird man wehrhafter werden, aber vielleicht auch dominanter und wird dann auch mehr Feindschaften erzeugen – das entspricht dem Kampfsport. Erfolgreiche Dämonenbeschwörungen können schwer verdaulich sein – das entspricht dem Gebrauch von harten Drogen. Man kann in ein fanatisches Weltbild geraten – aber diese Gefahr läuft man auch bei einem politischen Engagement.

Konkrete körperliche Schäden stehen bei der Magie als Gefahr zunächst einmal nicht im Vordergrund.

Die Dynamik der Magie ist von J.K. Rowling in den „Harry Potter"-Büchern anschaulich geschildert worden: Die Magie läßt keine Probleme entstehen, aber sie macht die eigenen Probleme groß und unübersehbar – ob man sich dann um ihre Heilung kümmert oder nicht, ist noch eine andere Frage ...

Die magischen Fähigkeiten unterstehen stets dem eigenen Charakter – die Magie selber ruft keine Schäden hervor. Sie ermöglicht jedoch eine größere Version des Ausdrucks des eigenen Charakters als dies ohne Magie möglich wäre – und das bezieht sich auf die eigenen Stärken und genauso wie auf die eigenen Schwächen und auf die eigenen psychischen Verletzungen.

Weder Ninja noch Magie tragen eine direkte Gefahr in sich. Lediglich ihre unsachgemäße Verwendung kann zu Problemen führen. Ninja und Magie vergrößern nur die Handlungsmöglichkeiten und stellen Heilungsmöglichkeiten bereit.

Ninja und Magie sind lebensfördernd.

29. Typischer Personenkreis

Ninjas sind eine sau-bunte Mischung – wir haben vom Bauarbeiter über den Weltreisenden bis zum Chemie-Doktor alles am Start. Von der gesellschaftlichen Herkunft gibt es da kein Muster, das ich erkennen kann.

Aber das sind schon alles markante Leute, das sind alles Charaktere – nicht „Leute von der Stange", wenn ich das mal so sagen darf – das sind alles irgendwie Originale. Das sind fast alles Leute, die in einer Menschenmenge auffallen würden.

Über den typischen Personenkreis im Bereich der Magie läßt sich nur sagen, daß es tendenziell markante Menschen sind. Es finden sich unter ihnen aber sowohl die intensiv Strebenden als auch die Neugierigen, sowohl die in einer festen Form Lernenden als auch die Autodidakten, sowohl die Systemtreuen als auch die Forscher – aber alle sind von dem Thema an sich fasziniert.

Die Motivation, sich mit dem Thema zu befassen, kann sehr verschieden sein: Selbsthilfe, Neugier, Weltflucht, Machtgier, heimlicher Größenwahn, Verlangen nach Unsterblichkeit, Erlebnisdurst usw. Und der Bereich der Magie und der Meditation hält auch für jeden von diesen verschiedenen Menschen etwas Passendes bereit ...

Das einzig Typische an Ninjas und Magiern ist, daß sie eher untypisch sind ...

Ninjas und Magier sind Individualisten.

30. Talent

Natürlich gibt's Fähigkeiten, die praktisch sind, wenn man sie hat. So ist es hilfreich, wenn man Kraft hat, aber man kann sie ja auch aufbauen.

Allgemein sind Männer stärker als Frauen, aber eben nur allgemein. Es gibt auch Männer, die sind schwächer als die meisten Frauen, und es gibt auch Mädels, die mischen ganz oben mit und machen die meisten Männer platt. Und Stefanie Edelmann ist bei „Ninja Warrior Germany" auf den 6. Platz gekommen – das ist schon ganz ordentlich!

Leute, die von Natur aus massiger sind, haben natürlich mehr zu tragen – das ist lästig beim Hangeln. Leute, die eher schlacksig sind, sind von ihrer Physis her erst einmal besser für Ninja geeignet – einfach, weil die nicht so viel wiegen und weil beim Ninja ja vor allem gehangelt wird.

Wenn man groß ist, kommt man besser an Hindernisse dran – wenn man klein ist, schwingt man aber schneller und fliegt besser und man wiegt weniger.

Also am Ende hat alles seine Vor- und Nachteile. Wenn einer klein ist, hat er Schwierigkeiten an der Mega-Wall hochzulaufen – da hat es einer, der lang und schlacksig ist, einfacher. Der Kleine muß ein ganzes Stück weiter die Wall hinauflaufen, um den Rand oben zu fassen zu bekommen. Aber trotzdem schaffen es auch die Kleinen immer wieder mal, die Mega-Wall hinaufzulaufen.

Am Ende wird es wohl vor allem das Training sein, das darüber entscheidet, wie gut einer im Ninja wird.

Der Ape-Index, also der „Affen-Index" ist noch wichtig. Der berechnet sich wie folgt: Du mißt die Spannweite von der einen Fingerspitze bis zu anderen Fingerspitze bei seitlich ausgestreckten Armen und ziehst davon dann die Körperhöhe ab. Bei den meisten Menschen ist das genau „0", aber manche haben einen positiven Ape-Index, was sehr praktisch ist, weil Du dann relativ zu Deiner Größe und folglich auch zu Deinem Gewicht lange Arme hast und leichter Dinge greifen kannst – und manche Menschen haben auch einen negativen Ape-Index, was unpraktisch ist, weil Du dann relativ kurze Arme hast. Dieses „Spannweite/Körpergröße-Verhältnis" ist also ein Maß, das möglichst positiv sein sollte, d.h. es ist von Vorteil, lange Arme zu haben. Mehr als 10cm Unterschied zwischen Spannweite und Körpergröße sind sehr selten.

Doch das Mind-Set, also der Spaß an den Sachen, steht über allem – der ist am wichtigsten. Wenn Du etwas wirklich willst und dafür trainierst, kannst Du weit kommen – und das geht halt nur, wenn Du Spaß daran hast. Einer, der von Natur aus stark ist und einen hohen Ape-Index hat, aber keinen großen Spaß an Ninja hat und das nur halbherzig trainiert, kommt auch nicht weit.

Das Gewicht macht natürlich auch einen Unterschied. Generell ist es am praktischsten, groß, langarmig und leicht zu sein – das ist für diese Ninja-Hangelei am hilfreichsten. Aber eine Garantie dafür, daß diese Athleten auch die besten Ninjas sind, ist das nicht. Aber manchmal ist das geringe Gewicht auch ein Nachteil. Bei einer Show – das war, glaube ich, 2018 – gab's bei einem Hindernis einen Hebel, den man umlegen mußte, indem man sich unten an ihn drangehangen hat. Ja – und da hing dann einer der leichteren Teilnehmer und hat den Hebel zum Verrecken nicht umgelegt gekriegt – der war einfach zu leicht für das Gewicht dieses Hebels ... Der hat alles versucht, aber er war einfach zu leicht.

Tja – die Talent-Frage ist ja auch immer eine Vererbungsfrage, aber das kann man eigentlich nicht beantworten. Meine Schwester, meine Eltern, teilweise meine Großeltern sind auch sportlich – aber von den meisten Ninjas weiß man das nicht. Wenn einer aus einer Zirkusartistenfamilie kommt, dann ist er natürlich mit allerlei körperlichen Kunststückchen aufgewachsen – wer will da sagen, ob das Vererbung oder erlernt ist?

Oder wenn Du Eltern hast, die immer wieder rumturnen, dann werden auch die Kinder gleich mit dem Krabbeln auch das Hangeln lernen ... Das könnte dann mal ein ziemlich krasser Ninja werden.

Ich würde sagen, man braucht eine grundsätzliche Veranlagung oder ein Talent zur Sportlichkeit.

Die Bedeutung von „Talent" ist sehr schwer einzuschätzen. Es muß natürlich eine Neigung zur Magie vorhanden sein, damit man aus einem evtl. vorhanden Talent auch etwas macht. Es gibt Häufungen von magischen Begabungen in einzelnen Familien und auch in ganzen Dörfern und das auch über mehrere Generationen hinweg – aber ist das jetzt Vererbung oder ist das Tradition, also erlernt?

In meiner Familie habe ich selber, meine Mutter, deren Vater (mein Opa) und dessen Mutter (meine Uroma), sowie zwei meiner Schwestern und mein Sohn dieses Talent – und vermutlich noch einige weitere, bei denen ich es nie bemerkt habe. Das hat in unserer Sippe jedoch niemand seine Nachkommen gelehrt – es sollte daher eher Vererbung sein, aber ganz sicher ist das nicht. Ich bin auch der einzige in meiner Sippe, der die Magie systematisch erforscht und geübt hat.

Ein allgemeiner Rahmen, in dem Magie etwas ganz Normales ist, ist natürlich förderlich dafür, daß der Einzelne aus seinem evtl. vorhandenen Talent auch etwas macht. Innerhalb eines Weltbildes, das weitestgehend nicht-magisch ist, braucht man eine gewisse Eigenständigkeit und auch Sturheit, um die Magie zu erforschen – deshalb sind in der heutigen westlichen Zivilisation die Magier und Hexen auch so gut wie alle ziemlich ausgeprägte Individualisten.

Das Talent alleine reicht auch noch nicht aus – in der Regel man muß es auch anwenden und es dadurch üben, damit es ein höheres Niveau bekommt und auch bewußt angewendet werden kann.

Afrika und Europa

Zu diesem Thema kann man kaum einen passenden Versuch durchführen. Am hilfreichsten ist es noch, Menschen aus Afrika oder aus der Karibik oder aus einer anderen Gegend kennenzulernen, in der Magie noch zu dem ganz normalen Alltag gehört.

Möglicherweise hat man ja auch noch eine Uroma oder eine Großtante, die noch mit derlei „Aberglauben“ aufgewachsen ist und z.B. weiß, wie man mithilfe einer Anrufung des Heiligen Antonius verlorene Sachen wiederfinden kann.

Doch diese beiden Möglichkeiten (Afrika, Uroma) zeigen vor allem, daß das Talent auch einen passenden weltanschaulichen Nährboden braucht, um gedeihen zu können.

Talent ist notwendig, aber Talent alleine reicht in aller Regel nicht – es muß auch durch Benutzung gefördert werden und dadurch wachsen können.

Ungenutztes Talent wächst nicht.

31. Vielfalt und Schwerpunkte

Das ist auf jeden Fall ein wichtiger Punkt – vor allem das Ninja-interne Setzen von Schwerpunkten. Das ist ein Riesenthema, denn wenn jemand einen Parcour macht, dann nimmt der, der den Parcour macht, ja nicht Rücksicht darauf, was Du gerne machst und was nicht, sondern der packt da Hindernisse rein – möglichst bunt gemischt. Die Parcours sind oft so gemacht, daß, wenn Du eine Schwäche hast, die auch gefunden wird. Das ist wirklich so. Wenn ich da sechs Hindernisse habe und bei Hindernis 3 ist irgendwas Ekliges, was ich nicht kann, dann kann ich noch so lange jammern, daß die Hindernisse danach wieder voll mein Dinge gewesen wären – das bringt nichts. Ich komm da nicht hin ...

Das heißt, es ist eine gute Idee zu gucken, was ich am wenigsten kann, was ich am wenigsten mag – und das gezielt zu trainieren. Das machen echt wenige. Viel trainieren einfach nur das, was sie gerne machen.

Einer fällt mir z.B. ein, der hangelt gerne – also, ich meine jetzt nicht mich, sondern jemand anderes. Und der Typ hangelt sich – Zack! Zack! Zack! Zack! – durch alle Hangel-Hindernisse. Doch dann kommt was mit Schwingen oder was Dynamisches – dann hängt der da und weiß nicht weiter und fällt runter. Das passiert dem regelmäßig. Ich habe dem schon x-mal gesagt, daß er auch mal was anderes trainieren soll. Der trainiert auch mehrmals die Woche und der ist auch übertrieben fit und der meint auch: „Bei uns in der Halle da hangel ich das und das und auch das noch ...“

Alles super – und der ist auch total stark, aber dann war er mal bei uns im Training zu Besuch und wir haben einen Parcour gemacht und nach dem dritten Hindernis war er fix und alle. Er ist da nicht durchgekommen: „Äh, das ist ja viel anstrengender als bei mir! Was ist denn da los!?“ Das liegt daran, das es andere Bewegungen sind – ich achte immer darauf, daß da alles Mögliche dabei ist: Mal brauchst Du den Rumpf, mal mußt Du schwingen, mal mußt Du mit irgendwelchem Wackeln klarkommen, mal mußt Du eine Stange bewegen, mal mußt Du hangeln, mal balancieren ... Die Vielseitigkeit im Training ist superwichtig.

Und der Klacky-Luke – der heißt eigentlich „Lukas Kilian“ – der letztes Jahr „Allstars“ gewonnen hat, also das Duell-Format – der hat mal was Wichtiges gesagt, als ich mit ein paar Leuten bei ihm in der Halle zu Besuch war und wir eine Stage gemacht und die dann trainiert haben. Da war eine Schaukel drin. Und wir alle: „Äh, das ist ja eklig!“ Da sagt er: „Ja, Folgendes: Ich mag das Ding auch nicht, aber deshalb habe ich es trainiert.“ Der macht regelmäßig – einmal pro Woche, glaube ich, aber auf jeden Fall regelmäßig – da macht er nur die Sachen, die er nicht mag ... solange, bis er sie mag. Und deswegen ist der Typ so gut.

Dann der andere Aspekt von „Vielfalt und Schwerpunkt": Der erste Aspekt war ja „Ninja-intern" und der zweite ist „Ninja und andere Sachen".

Also, bei mir persönlich ist es so ... ich habe gestern mal in meinen Kalender geschaut und geguckt, was da für Oktober drinsteht, und ich habe mit Schrecken festgestellt, daß es genau einen Termin gibt, der nichts mit Ninja zu tun hat – alle anderen haben mit Ninja zu tun. Momentan gerät die Balance etwas aus den Fugen und kippt komplett Richtung Ninja, was aber auch daran liegt, daß ich gerade keinen Programmier-Job habe und momentan nur Kram organisiere, Hindernisse baue, Wett-kämpfe plane, trainiere, an Wettkämpfen teilnehme usw.

Generell ist es aber auch so, daß ich nach so einem Wettkampf auch froh bin, wenn ich zuhause bin und einen Tag entspanne und mal was ganz anderes mache – ich hau mich dann auf die Couch und gucke einen Film oder spiele Computer, mache eine Fahrradtour oder was auch immer – einfach was anderes ... Und ich merke auch, wie die Batterie dann wieder auflädt – wie das hin und wieder nötig ist.

Und die Balance mit dem Programmieren und dem Sport – die ist bei mir auch sehr wichtig, da ich ja beide Seiten habe. Wenn ich nur eins von beiden mache, dann wird das auf Dauer einseitig und dann fehlt mir was.

Momentan finde ich das eigentlich cool, daß das nur Ninja ist – und ich kann das auch genießen. Aber ich glaube, das liegt an zwei Dingen: Erstens weiß ich, daß das nicht der Plan für immer ist, sondern daß das jetzt mal ein paar Monate so ist und dann normal weitergeht – also hoffentlich – und zweitens, daß ich Ninja-intern inzwi-schen so viele verschieden Sachen mache, daß das auch schon Ninja-intern eine große Abwechslung gibt. Ich stehe ja nicht nur in der Halle, sondern mache auch CAD (am PC Hindernisse entwerfen), trage Zeug durch die Gegend, montiere Hinder-nisse und so.

Einseitigkeit ist so gut wie in keinem Lebensbereich gesund – aber ein völliges Zerfleddern der Interessen und Aktivitäten und das Fehlen von jeglichen Schwer-punkten verhindert mangels Sachkenntnis und Tiefe auch so gut wie jeden Erfolg.

Es bei diesem Thema jedoch wichtig, zu unterscheiden, was verwandte Themen sind und was nicht. So ist es in der Magie z.B. durchaus hilfreich, wenn man Runen-Übungen durchführt, Yoga-Asanas kennt und auch schon einmal Eurythmie-Übungen gemacht hat, denn dadurch kann man über die einzelnen „Körperhaltungs-Systeme" hinausblicken und erkennen, was die Grundprinzipien sind, die den verschiedenen Bewegungs-Lehren bis hin zum Klassischen Ballett, zu afrikanischen Kriegstänzen oder zu islamischen Derwisch-Tänzen zugrundeliegen.

Natürlich kann man zwischen fast allen Lebensbereichen Bezüge herstellen, aber bei manchen sind diese Bezüge doch recht schwach – z.B. zwischen der japanischen Blumenkunst Ikebana und der aus Italien stammenden Doppelten Buchführung.

Vermutlich ist es kaum möglich, in mehr als vier Bereichen gleichzeitig intensiv tätig zu sein – wovon zwei dieser Bereiche ja in der Regel schon die Beziehungen und die Arbeit sind. Aber man kann ja im Laufe seines Lebens die verschiedensten Dinge tun und erforschen.

Und wie Steve Jobs bei seiner Rede vor den Studenten an der Stanford-Universität gesagt hat, weiß man nie vorher, wozu etwas, das man mit Freude lernt und tut, einmal gut sein könnte. Der Kurs in chinesischer Kalligraphie, den er aus reiner Freude am harmonischen Gestalten besucht hat, hat ihm später sehr dabei geholfen, eine ansprechende und gut verständliche Benutzeroberfläche für Computer zu entwerfen.

Es ist im Leben im Grunde wie bei der gut bekannten Unternehmer-Regel: Man sollte stets bei seinen Kernkompetenzen bleiben. Allerdings kann man diese Kernkompetenzen verschieden weit fassen – so habe ich im Laufe der Zeit die meisten Formen der Magie, der Religion und der Psychologie erforscht und angewandt und ihre Prinzipien außerdem stets mit den Prinzipien der Physik verglichen.

Eine „gezielte Vielfalt" wie z.B. der intensive Vergleich von Physik und Magie kann dann dazu führen, daß man erkennt, daß beiden Bereichen genau dieselben Strukturen und Dynamiken zugrundeliegen.

Letztlich muß man natürlich selber schauen, wieviel Vielfalt und wieviel Zentrierung man in seinem Leben braucht. Dabei könnte es sein, daß auch die Kenntnis des eigenen Horoskops hilfreich ist, da z.B. ein Zwilling auf jeden Fall mehr Vielfalt braucht als z.B. ein Steinbock.

Das für einen konkreten Menschen passende Gleichgewicht zwischen Vielfalt und Schwerpunkt-Setzung hängt natürlich auch von den Zielen des Betreffenden ab: Will man erleben, wie bunt die Welt ist, oder will man in einem Bereich so gut werden, daß man einen Nobelpreis verliehen bekommt?

Man braucht Vielfalt, um in allen Situationen zurechtzukommen, und auch, um ein „rundes Leben" führen zu können. Aber man braucht auch Schwerpunkte, um es in einer Sache weit bringen zu können.

Spezialisierung auf einem guten allgemeinen Fundament führt am weitesten.

32. Expansion

Ja, klar – die gibt's. Im Prinzip hat sich ja eins aus dem anderen ergeben. Erst hab ich geturnt, dann war ich Parcour-Trainer, dann bin ich in die Ninja-Show von RTL reingestolpert, dann bin ich ins Finale geraten und habe mich gefragt: „Hoppla – wie bin ich denn hier reingekommnen?" Dann habe ich Ninja-Kurse begonnen und bin auf einmal auch Ninja-Trainer geworden.

Dann habe ich in meinem Zimmer ein Trainings-Klettergerüst mit einer Menge von verschiedenen Hindernissen auf kleinstem Raum gebaut – und dann haben das andere Ninjas gesehen und wollten auch so ein Klettergerüst haben. Das wurde dann professionell und ich habe Ninja-Hallen geplant und gebaut – zuerst hier bei uns in Kelkheim. Dann kamen noch andere Hallen hinzu. Inzwischen arbeite ich mit einer Firma zusammen, die Ninja-Hindernisse herstellt.

Dann habe ich auch Wettkämpfe organisiert und die fanden soviel Anklang, daß ich das jetzt schon des öfteren gemacht habe – meist zusammen mit meiner Schwester Susanna, die sich um den Überblick wie das Notieren der Zeiten, die die Athleten gebraucht haben, kümmert.

Da ich den Zettelkram bei den Wettkämpfen lästig fand, habe ich schließlich eine Software geschrieben, mit der das alles einfacher und übersichtlich wird.

Und jetzt habe ich mit Freunden die Ninja-Skillz-Halle in Darmstadt aufgebaut und arbeite da.

Bei all dem habe ich natürlich immer wieder mal etwas falsch gemacht, Dinge entdeckt, die nerven – und dann jedesmal geschaut, wie man das besser machen kann.

Die Magie kann sich im eigenen Leben auf mehrere Weisen ausdehnen. Man kann Magie-Forscher werden und Bücher darüber schreiben, man kann Seminare geben, andere lehren und beraten, Rituale wie z.B. Schwitzhütten und Feuerläufe anleiten usw.

Es können auch immer neue Magie-Bereiche und folglich auch neue Tätigkeitsbereiche hinzukommen wie z.B. das Feng Shui und das energetische Feng Shui, die Beruhigung von Spukhäuser, die direkte Wahrnehmung des Inneren eines anderen Menschen im Rahmen von Beratungen und Heilungen, das telepathische Wiederfinden von verlorenen Gegenständen, das telepathische Erkennen des technischen Problems eines Autos usw.

Mit jedem neuen Bereich, in dem man eine gewisse Routine und ausreichend zuverlässige Ergebnisse erlangt, entsteht auch ein neuer Bereich, in dem Menschen den Magier um Rat und Hilfe fragen werden – so was spricht sich halt rum ...

Wenn man in einem Bereich eine gewisse Sachkenntnis und Souveränität erlangt hat, wird es nicht lange dauern, bis man in diesem Bereich auch um Rat und Hilfe gebeten wird. Nach und nach wird man bei einer ausreichend großen Intensität der Beschäftigung mit einem Thema auch die Randbereiche dieses Themas ergründen und dann irgendwann zum „Fachmann" oder „Allrounder" werden.

Intensive Beschäftigung führt zur Neugier auf verwandte Bereiche,
Neugier führt zu Sachkenntnis,
Sachkenntnis führt zu Beratung und Hilfe.

33. Verbindungen

Das sind vor allem Inspirationen im Ninja-Bereich. Wenn ich im Zug ein Gepäcknetz sehe, schaue ich, wie ich da rein kommen könnte, oder wenn ich im Baumarkt bin und da Stangen oder etwas anderes sehe, fällt mir ein, wie man daraus ein Hindernis bauen könnte.

Ansonsten sind natürlich auch die Freundschaften und Bekanntschaften im Ninja-Bereich und die „Ninja-Familie" eine Verbindung.

Es gibt kaum einen Bereich, der sich nicht schon mit Magie, Meditation, Spirituali-tät und ganz allgemein mit Religion verbunden hat: Die Architektur erschafft Tempel und Altäre, die Bildhauerei erschafft Statuen und Talismane, die Malerei erschafft Wandbilder von Gottheiten, die Schmiede erschaffen Statuetten, Ritual-Kelche, magi-sche Ringe und vieles mehr, die Stickerei erschafft Altardecken und Heiligenbilder, die Musiker spielen auf Trommeln, Harfen, Orgeln u.a. Instrumenten sowohl in der Magie als auch im Kult, die Dichter erschaffen Hymnen und Götter-Anrufungen, die Tänzer rufen ekstatisch die Lebenskraft herbei, die Schauspieler werden zu Magiern und Priestern und führen Rituale, Mysterien und Dramen auf ...

Die Magie hat auch enge Verbindungen zur Astrologie, zu den Familienaufstellun-gen, zu Heilungen, zu Beratungen aller Art und zu fast allen Sorgen, die ein Mensch in seinem Leben haben kann und für die er bei einem Magier Rat und Hilfe sucht.

Schließlich geht auch der Entwurf für ein einheitliches Weltbild, in dem Magie und Physik kein Widerspruch mehr sind, von den Magiern aus. Ein Entwurf eines solchen Weltbildes ist mein Buch „Logik und Wirkung der Analogie".

Da sich die Magie mit den Möglichkeiten des Bewußtseins befaßt und diese Mög-lichkeiten dann anschließend an ihre Erforschung auch nutzt, ist die Magie auch eng mit der Psychologie verknüpft, die schließlich die Vorgänge in der Psyche erforscht und sie nach Möglichkeit auch heilt. Auch dieser Heilungs-Aspekt ist der Psychologie und der Magie gemeinsam, wobei die Magie dabei einen deutlich breiteren methodi-schen Ansatz hat.

Die Verbindung zwischen meiner Harfe und meiner Magie ist mir erst im Alter von ungefähr 51 Jahren deutlich geworden. Damals hat mich ein Bekannter besucht und ich habe für ihn etwas auf meiner Harfe improvisiert. Das hat ihm so gut gefallen, das er mich gebeten hat, auf der Taufe seines dritten Sohnes Harfe zu spielen, was ich dann auch getan habe.

Bei dem anschließenden Essen bei meinem Bekannten habe ich telepathisch gehört, wie er sich mit seiner Frau darüber unterhalten hat, ob sie mir zum Dank für mein Harfespiel ein kostbares Buch, das sie besaßen, schenken sollten. Dieses „zufällige Mithören" per Telepathie passiert mit recht häufig, wenn sich das Gespräch auf mich bezieht.

Ich wußte gar nicht, wie ich damit umgehen sollte, daß die beiden überlegt haben, mir dieses wertvolle (und sehr teure) Buch zu schenken – das hat mich ganz verlegen gemacht. Da hat sich auf einmal eine Stimme in mir gemeldet und gesagt „Tue das, was Du in solchen Situationen immer getan hast." Dabei habe ich auf einmal einen Rittersaal in einer Burg gesehen, in der ich zum Dank für den Lohn für mein Harfen-spiel, den ich von dem Burgherrn erhalten hatte, ihm noch einmal ein Lied auf meiner Harfe gespielt habe.

Ich war ein bißchen verwirrt über dieses Bild und diesen Satz, aber andererseits fühlte sich das auch vollkommen vertraut an. Als die beiden dann tatsächlich mit dem Buch zu mir kamen, habe ich ihnen gedankt und mich mit meiner Harfe vor sie auf den Boden gesetzt. Ich habe mich innerlich wie bei einer Familienaufstellung auf die Seele meines Bekannten ausgerichtet und seine Seele durch meine Hände spielen lassen. Das habe ich mir nicht überlegt – das kam spontan in dem Augenblick.

Als ich zuende gespielt habe, waren alle eine ganze Zeitlang still, bis schließlich mein Bekannter sagte, daß sich das für ihn so angefühlt habe, als ob er selber für sich selber sein eigenes Lied gespielt habe, obwohl er ja nur still dagesessen hatte und gar nicht Harfe spielen kann. Das war genau das, was ich intuitiv getan hatte ohne das ich vorher auch nur geahnt hatte, daß so etwas möglich ist: Ich habe seine Seele durch meine Hände das Lied der Seele meines Bekannten spielen lassen.

Das habe ich danach noch in einigen anderen Situationen mit anderen Menschen erlebt. Das war nie geplant, auch wenn ich da schon wußte, daß es diese Möglichkeit gibt. Vielleicht ist das auch absichtlich möglich – vermutlich ja – aber ich habe es noch nie ausprobiert.

Die Silberschnur

Wenn man einen Wunsch hat, kann man von seinem Sonnengeflecht aus (kurz unter dem Brustbein) ein Dutzend milchigweiß leuchtende Lebenskraft-Lichtschnüre („Sil-berschnüre") zu den erwünschten Dingen in der Welt aussenden.

Dieses schon erwähnte Verfahren kann man auf einen Beziehungswunsch, auf ein vergriffenes Buch, auf einen Arbeitsplatz, auf eine Wohnung, auf einen Lehrer und auf alles mögliche andere anwenden.

Anschließend an diese Wunsch-Aussendung wird dann „Genosse Zufall" dafür sorgen, daß man das Gewünschte erhält.

Oft tritt die Wunscherfüllung schon nach einer halben Stunde ein oder zumindestens der erste Schritt für diese Wunscherfüllung.

So habe ich mir mit 25 Jahren einmal das Buch „Ossian" von MacPherson gewünscht, das so teuer war, daß ich es mir nicht leisten konnte. Da kam mein Schwager zu mir, der vor der Godesberger Post zwei Eintrittskarten für ein Konzert von Leonard Bernstein in Bonn gefunden hatte. Er hat sie mir gegeben, weil er mit Klassik nichts anfangen kann. Da habe ich dann ein bißchen Detektiv gespielt und herausgefunden, wem diese Karten gehören. Als ich es wußte, bin ich dann zu der Adresse gegangen – die Karten gehörten einer alten Frau. Sie wollte mir unbedingt etwas für diese Karten geben. Als ich dann gesagt habe, daß ich mir gerade eigentlich nur das Buch „Ossian" wünsche, griff sie in ihr Bücherregal und hat den „Ossian" herausgeholt und ihn mir geschenkt.

So macht das „Genosse Zufall" mit der Wunscherfüllung ...

Der Ninja-Sport hat Verbindungen zum Handwerk und zu Gesundheit und Fitness – die Magie hat zu allen Formen der Kunst eine Verbindung und ebenso auch zu den Naturwissenschaften und zur Psychologie.

Ninja ist auf den Körper bezogen und nutzt auch das Bewußtsein,
Magie ist auf das Bewußtsein bezogen und nutzt auch die Naturwissenschaften.

34. Stellung in der Gesellschaft

Also, daß es die RTL-Show gibt, hat inzwischen ja fast jeder gemerkt. Ungefähr ein Viertel der Leute, denen man was davon erzählt, wissen was das ist und haben das schon mal geguckt. Mich hat sogar mal in der Bahn ein kleiner Junge angesprochen und wollte ein Autogramm von mir haben ... Der Ninja-Sport scheint Eindruck zu machen – sonst wäre die Show auch nicht so erfolgreich.

Daß es Ninja auch außerhalb der Show gibt, ist vielen nicht bewußt. Da sind manche dann ganz interessiert dran – daß man das trainieren kann und daß man da an Kursen teilnehmen kann.

Natürlich müssen die Ninjas ja irgendwo trainieren, aber das machen sich die wenigsten klar.

Man merkt bei den Wettkämpfen auch manchmal, wer wo und wie trainiert hat. Bei dem letzten Wettkampf, den wir selber organisiert haben, haben wir gehört, daß wir die Vorreiter sind, was die Coolness der Hindernisse und die Art des Wettkampfes angeht.

Im Gegensatz zu den Ninja-Wettkämpfen, die mitten im Rampenlicht stehen, befindet sich die Magie noch immer im Untergrund, obwohl sie seit der Hippiezeit so ganz allmählich integriert wird.

Vor dem Drittes Reich gab es in Deutschland wie in anderen Ländern auch durchaus eine Art „akzeptierter Subkultur" der spirituellen und magischen Fähigkeiten, zu denen das Kartenlegen, die Astrologie, der Spiritismus, der Mesmerismus, das Gesundbeten und so manches andere gehört hat.

Da der Nationalsozialismus die Magie jedoch in ihre NS-Ordensschulen integriert hat, ist nach dem Ende des Krieges und dem Ende der NSdAP das Kind mit dem Bade ausgeschüttet worden und die gesamte Magie als Teil der NS-Zeit verdammt worden.

Deshalb waren die Deutschen in der Nachkriegszeit das nüchternste und diesseitigste Volk überhaupt – wegen der kollektiven Scham über den 2. Weltkrieg, mit dem jegliche Magie gleichgesetzt worden war.

Im Gegensatz dazu gehört in jedes richtige englische Schloß mindestens ein Gespenst – aber in Deutschland kam man vor 50 Jahren schon in Verruf, wenn man mal etwas geträumt hatte, was dann am nächsten Tag auch tatsächlich eingetreten ist ...

Bei der „Wiedergeburt" der Magie wurden in Deutschland dann die Begriffe

„Okkultismus" und „Esoterik" verwendet und der Begriff „Magie" noch lange Zeit vermieden.

Am schlimmsten stand es mit der germanischen Religion, da diese das Kernstück der „Nazi-Magie" gewesen ist – wer sich für Odin interessierte, galt lange Zeit sofort als „brauner Rechtsaußen". Um dieses kulturelle Erbe von seinem Mißbrauch durch den Nationalsozialismus zu befreien und wieder zu integrieren, habe ich in den letzten Jahren eine 87-bändige Reihe über die germanische Religion und ihre Zusammenhänge mit den anderen indogermanischen Religionen geschrieben.

Immerhin wurde 1970 in Freiburg von Professor Bender die Forschungsstelle für für Parapsychologie – ein anderer Name für „Magie" – gegründet und dort Telepathie, Telekinese u.ä. erforscht.

Am widerstandsfähigsten gegen diese „spirituell-magische Säuberung" in der Nachkriegszeit waren die Wahrsagerinnen – ihre Vorhersagen waren eben so verläßlich, daß selbst Kanzler Konrad Adenauer immer wieder einmal bei Buchela Rat eingeholt hat.

Es gibt zu diesem Thema auch noch einen übergeordneten Blickwinkel: In der Epoche des Königtums und des Monotheismus (3250 v.Chr. – 1500 n.Chr.) war das Bewußtsein das Reale, während in der darauf folgenden Epoche des Materialismus (1500-1960 n.Chr.) nur die Materie als das einzig Reale angesehen worden ist. In der vor 60 Jahren begonnen Epoche der Globalisierung ist zu vermuten, daß beides als zwei Seiten derselben Sache angesehen werden wird – die Auflösung der Grenzen ist schließlich das Hauptmerkmal der Epoche der Globalisierung.

Runen

Der folgende Versuch klingt vermutlich ein wenig romantisch, aber er ist durchaus wirksam. Man stellt sich an einem abgelegenen Ort, an dem man nicht gestört wird, aufrecht hin, und hebt die Arme schräg nach vorne oben, wobei der linke Arm ein wenig höher als der rechte Arm gehalten wird. Die Handflächen weisen zum Mond oder zur Sonne. Diese Haltung stellt die germanische Rune „Fa" dar.

Dann singt man leise ein „A" und stellt sich vor, das Sonnenlicht bzw. das Mondlicht zu „trinken", also durch die Handflächen aufzunehmen.

Das ist zwar keine original germanische Methode, sondern ist erst um ca. 1880 erfunden worden, aber sie funktioniert trotzdem – und sie hat auch keinerlei „rechtslastige" Nebenwirkungen.

Diese Methode führt dazu, daß man sich bewußter mit Lebenskraft auflädt – ähnlich wie mit der Kundalini-Verbindung zum Erdkern oder mit der Bindhu-Verbindung zur Sonne. Außerdem regt diese Methode sowohl die Handchakren an als auch das Dritte Auge an – man kann sie dabei erst als einen Druck wie von einer warmen, ca. 10cm großen Kugel, dann wie ein Pulsieren und schließlich wie ein Rotieren spüren.

Wegen diesem Rotieren sind diese Stellen im Lebenskraftkörper in Indien „Chakra",
d.h. „Rad" genannt worden.

Die Stellung in der Gesellschaft unterscheidet sich bei Ninja und Magie sehr stark:
die Ninjas stehen im Rampenlicht, die Magier stehen im Schatten.

35. Geld

In der Regel haben die Ninjas alle noch einen anderen Beruf, aber es gibt auch Ausnahmen. So lebe ich z.B. zur Zeit von meinen Ninja-Aktivitäten, also Training, Geräte-Bau, Wettkampf-Organisation, Ninja-Skillz-Halle und so weiter. Von der Zeit pro Woche her gesehen, habe ich da vor dem Bau der Halle sozusagen eine 75%-Stelle – jetzt nach der Hallen-Eröffnung eine 100%-Stelle.

Dann gibt's auch noch die Leute, die bei der Show und bei den Proben arbeiten ...

Also „hauptberufliche Ninjas" gibt's nicht. Es gibt natürlich ein paar Berufssportler, die nebenbei auch Ninjas sind.

Die Berufe der Ninjas sind auch völlig verschieden – und natürlich schaut RTL, daß sie die teilnehmenden Athleten so auswählen, daß sie möglichst interessante Berufe haben – schließlich ist RTL-Ninja eine Show ...

In der Show gibt es kaum einen, der nicht schon vorher, also bevor er Ninja trainiert hat, Turnen, Parcour, Sport, oder irgendwas in der Art gemacht hat – dafür ist das Level bei der Show viel zu hoch.

Es gibt kaum „Berufs-Magier" und „professionelle Hexen". Es gibt zwar einige hauptberufliche Wahrsagerinnen und auch einige Magier, die wie ich vom Bücherschreiben, von Seminaren, Horoskopen, Beratungen, Spukhaus-Behandlungen u.ä. leben, aber das ist doch eher die Ausnahme. Magie ist zwar ausgesprochen nützlich, aber in unserer Kultur beruflich gesehen eben doch ein recht ausgefallener Spezial-Beruf.

Sowohl Ninja als Magier ist – trotz der sehr verschiedenen Stellung in der Gesellschaft – nur sehr selten ein Hauptberuf, sondern in der Regel ein Zweitberuf oder ein Hobby.

meistens Berufung – selten Beruf

36. Organisation

Da gibt's die RTL-Show. Dann gibt's den Lizenzgeber in Japan, der das Ganze erfunden hat – das ist das TV Format "Sasuke" (gesprochen „Saske"). Dann gibt's in der Szene ein paar Verbände, die zum Teil versuchen, zu dem Dachverband zu werden – da gibt's zum Beispiel die European Ninja League (ENL), die 1st Ninja League, die National Ninja League (NNL), die Ultimate Ninja Athlete Association (UNAA) usw. Dann gibt es eine Debatte, ob Ninja im Rahmen des Fünfkampfs das Reiten ersetzen soll und damit olympisch werden soll ...

Diese ganzen Ligen verstehen sich verschieden gut, arbeiten zusammen oder auch nicht – aber im Großen und Ganzen ist das alles noch eher unorganisiert und man muß auch nirgendwo Mitglied sein. Wenn wir selber einen Wettkampf organisieren wollen, tun wir das einfach – und die Leute kommen auch. Und bisher wollten immer viel mehr Leute kommen als wir an den Wettkämpfen teilnehmen lassen konnten.

Im Bereich der Magie gibt es keinen Dachverband, lediglich einige Magier-Orden, Hexen-Coven und allerlei Logen der verschiedensten Richtungen. Es gibt auch Magie-Seminare, Lehrer/Schüler-Verhältnisse und ähnliches, aber der größte Teil der Magier betreibt „Freistil".

Ein wesentliches Element sind die Freundschaften zwischen einzelnen Magiern, die manchmal ein Leben lang halten. Auch manche Magier-Orden und Hexen-Coven bestehen lange Zeit, aber meistens sind dies nur einige Jahrzehnte.

Die meisten Ninjas und Magier sind Individualisten, die zugleich die Gemeinschaft mit Gleichgesinnten sehr wertschätzen, die aber keine allgemeine Reglementierung anstreben.

eine lose Gemeinschaft von Gleichgesinnten

37. Ratschläge

Das ist sehr individuell ... da muß man bei dem Einzelnen schauen. Und generell: Probiert's aus. Die meisten stellen dann fest, daß manches einfacher ist als sie dachten, und daß anderes schwerer ist, als sie dachten.

Da muß man dann als Trainer schauen, daß man die Motivation hochhält, und daß jeder in jeder Stunde etwas lernt.

Beim ersten Training passiert meist nicht viel – da lernt man das alles erst einmal kennen. Aber danach geht's dann schnell aufwärts.

Ja, das ist sehr individuell. Ich kann hier nur die beiden Sprüche über dem Eingang des Orakels von Delphi wiederholen: „Erkenne Dich selbst.“ und „Nichts im Übermaß.“

Man sollte eigentlich überall im Leben immer schauen, was man erreichen will, und dann schauen, wie man da am besten hinkommt.

Und ganz generell gilt natürlich auch noch: „Probieren geht über studieren.“

Und als letztes noch ein Spruch aus dem I Ging, der auch auf Ninja und auf Magie zutrifft: „Förderlich ist Beharrlichkeit.“

Man sollte schauen, was man will, und dann bei dieser Motivation bleiben und sich nicht durch Anfangsschwierigkeiten von seinem Weg abbringen lassen.

Sei Dir selber treu und genieße das Leben.

38. Zusammenfassung

Ninja ist ein sehr schöner Sport für mich – das ist ganz persönlich. Da wird sehr vieles kombiniert, was ich gerne mache: mich bewegen, denken, Dinge analysieren, einen klaren Kopf behalten, Sport machen, Neues ausprobieren, Wettkämpfe, Gemeinschaft, dreidimensional denken, visualisieren, mich räumlich orientieren, kreativ werden, Dinge bauen, Dinge erfinden, Dinge organisieren, Dinge optimieren, Software programmieren, trainieren, coachen ...

Im Ninja kann ich fast alles tun, was ich gerne tue.

Die Magie hat meinem Leben eine sehr viel größere Fülle und Tiefe gegeben als es vorher gehabt hat – sie hat mein Leben sozusagen wiederverzaubert.

Ich erlebe die Welt durch die Magie inzwischen viel mehr als eine Einheit, in der alles mit allem auf eine sinnvolle Weise zusammenhängt. Es ist ein deutlich anderes Lebensgefühl, ob man die Welt und sich selber in ihr als ein komplexes mechanisches Gefüge erlebt – oder als einen großen Gesamt-Organismus.

Ninja und Magie können das Lebensgefühl grundlegend verändern und das Leben reicher machen.

Tue das, was Dich lebendiger macht.

Bücher von Harry Eilenstein

- The Synthesis of Physics and Magic (192 p.)
- Telepathy for Beginners (60 p.)
- Telepathy for Advanced Learners (52 p.)
- Telekinesis for Beginners (56 p.)
- Life Force for Beginners (76 p.)
- Kundalini for Beginners (104 p.)
- Astral Projection for Beginners (60 p.)
- Meditation for Beginners (60 p.)
- Prophecy for Beginners (60 p.)
- Ritual Magic for Beginners (64 p.)
- Magic Chant for Beginners (108 p.)
- Invocations for Beginners (52 p.)
- Evocations for Beginners (62 p.)
- Auto-Movement for Beginners (60 p.)
- Elves for Beginners (56 p.)
- Hypnosis for Beginners (56 p.)
- Love Magic for Beginners (52 p.)
- Money Magic for Beginners (60 p.)
- Magic Objects for Beginners (64 p.)
- Shamanism for Beginners (52 p.)
- Chakra-Magic for Beginners (148 p.)
- Language of the Moon – for Beginners (128 p.)
- Self Knowledge for Beginners (60 p.)
- Da'ath-Magic for Beginners (64 p.)
- Astrology for Beginners (112 p.)
- Number Symbolism for Beginners (64 p.)
- Mandalas for Beginners (76 p.)
- Crop Circles for Beginners (344 p.)
- Feng Shui for Beginners (96 p.)
- Magic Research for Beginners (140 p.)
- Magic for Beginners – Anthology I (636 p.)
- Magic for Beginners – Anthology II (616 p.)
- Magic for Beginners – Anthology III (684 p.)
- Magic for Beginners – Anthology IV (580 p.)

Religion allgemein
- Die sieben Schritte des Lebens (428 S.)
- Muttergöttin und Schamanen (168 S.)
- Totempfähle (440 S.)
- Der Urriese (168 S.)

Jungsteinzeit
- Göbekli Tepe (472 S.)
- Die Göttin von Göbekli Tepe (144 S.)
- Die Rituale von Göbekli Tepe (112 S.)

Ägypten
- Hathor und Re 1: Götter und Mythen im Alten Ägypten (432 S.)
- Hathor und Re 2: Die altägyptische Religion – Ursprünge, Kult und Magie (396 S.)
- Isis (508 S.)
- Ma'at (200 S.)

Christentum
- Christus (60 S.)
- Die Biographie des Teufels (144 S.)

Indogermanen
- Die Entwicklung der indogermanischen Religionen (700 S.)
- Wurzeln und Zweige der indogermanischen Religion (224 S.)

Griechen
- Pan (336 S.)
- Poseidon (668 S.)

Inder
- Dakini (80 S.)
- Vajra (76 S.)

Germanen
- Die Götter der Germanen (87 Bände – siehe nächste Seite)
- Odin (300 S.)

Kelten
- Cernunnos (690 S.)
- Taliesin (228 S.)
- Der Kessel von Gundestrup (220 S.)
- Der Chiemsee-Kessel (76)

Psychologie
- Über die Freude (100 S.)
- Das Geheimnis des inneren Friedens (252 S.)
- Das Beziehungsmandala (52 S.)
- Gefühle und ihre Verwandlungen (404 S.)
- einsgerichtet (140 S.)
- Liebe und Eigenständigkeit (216 S.)
- Von innerer Fülle zu äußerem Gedeihen (52 S.)
- Kreative Hochzeits-Rituale (56 S.)

Heilung
- Die Symbolik der Krankheiten (76 S.)

Kunst
- Herz des Tanzes – Tanz des Herzens (160 S.)
- Die Wurzeln der Kunst (60 S.)
- Wege zur Musik-Improvisation (32 S.)

Drama
- König Athelstan (104 S.)

Roman
- Maran der Schamane (548 S.)
- Maran der Zauberlehrling (676 S.)
- Maran der Harfner (700 S.)
- Maran der Krieger (700 S.)
- Maran der Magier (900 S.)
- Maran der Weise (900 S.)

David und Harry Eilenstein
- Ninja und Magie (112 S.)

„Magie für Anfänger"	**„Traumreisen"**
- Telepathie für Anfänger (60 S.)	- Traumreisen zu Heilpflanzen (700 S.)
- Telepathie für Fortgeschrittene (52 S.)	- Traumreisen zum kabbalistischen Lebensbaum (132 S.)
- Telekinese für Anfänger (52 S.)	**Magie**
- Analogien für Anfänger (56 S.)	- Handbuch für Zauberlehrlinge (408 S.)
- Omen und Orakel für Anfänger (52 S.)	- Wie man das Pentagramm-Ritual zum Leben
- Lebenskraft für Anfänger (60 S.)	erweckt (308 S.)
- Meditation für Anfänger (56 S.)	- Tarot (104 S.)
- Kundalini für Anfänger (100 S.)	- Physik und Magie (184 S.)
- Hypnose für Anfänger (56 S.)	- Die Synthese von Physik und Magie (200S.)
- Kampfmagie für Anfänger (172 S.)	- Die Magie-Formel (156 S.)
- Auto-Movement für Anfänger (56 S.)	- Schwarze Löcher in der Magie (56 S.)
- Chakra-Magie für Anfänger (148 S.)	- Krafttiere – Tiergöttinnen – Tiertänze (112 S.)
- Astralreisen für Anfänger (56 S.)	- Schwitzhütten (524 S.)
- Astrologie für Anfänger (120 S.)	- Mythen und Magie der Harfe (116 S.)
- Astrologische Quadrate für Fortgeschrittene (72 S.)	- Drei Adeptus Major Rituale (192 S.)
- Partnerhoroskope für Anfänger (100 S.)	- Drei Adeptus Exemptus Rituale (120 S.)
- Silberschnüre für Anfänger (52 S.)	- Zwei Infans Abyssi Rituale (128 S.)
- Zaubersprüche für Anfänger (60 S.)	- Die Magie der Propheten Elias und Elisa (96 S.)
- Ritual-Magie für Anfänger (56 S.)	**Meditation**
- Mandalas für Anfänger (68 S.)	- Der Lebenskraftkörper (230 S.)
- Geldzauber für Anfänger (56 S.)	- Die Chakren (100 S.)
- Liebeszauber für Anfänger (52 S.)	- Das Chakren-System mit den Nebenchakren (296 S.)
- Invokationen für Anfänger (52 S.)	- Organe und Chakren (64 S.)
- Evokationen für Anfänger (60 S.)	- Die platonischen Körper in den Chakren (156 S.)
- Geister für Anfänger (52 S.)	- Meditation (140 S.)
- Elfen für Anfänger (56 S.)	- Drachenfeuer (124 S.)
- Magie-Forschung für Anfänger (140 S.)	- Kundalini I (676 S.)
- Magie-Romantik für Anfänger (60 S.)	- Kundalini II (672 S.)
- Selbsterkenntnis für Anfänger (52 S.)	- Reinkarnation (156 S.)
- Einweihungen für Anfänger (60 S.)	- einsgerichtet (140 S.)
- Drogen-Kabbala für Anfänger (216 S.)	**Astrologie**
- Zahlensymbolik für Anfänger (60 S.)	- Astrologie (496 S.)
- Die Sprache des Mondes – für Anfänger (116 S.)	- Photo-Astrologie (428 S.)
- Zaubergesänge für Anfänger (100 S.)	- Die astrologischen Aspekte (88 S.)
- Zukunftschau für Anfänger (60 S.)	- Horoskop und Seele (120 S.)
- Schamanismus für Anfänger (52 S.)	**Kabbala**
- Schwitzhütten für Anfänger (52 S.)	- Kursus der praktischen Kabbala (150 S.)
- Magische Gegenstände für Anfänger (68 S.)	- Eltern der Erde (450 S.)
- Übertragungen für Anfänger (68 S.)	- Blüten des Lebensbaumes:
- Zaubertränke für Anfänger (64 S.)	- Die Struktur des kabbalistischen
- Magie-Gesten für Anfänger (252 S.)	Lebensbaumes (370 S.)
- Da'ath-Magie für Anfänger (64 S.)	- Der kabbalistische Lebensbaum als
- Magie-Heilungen für Anfänger (68 S.)	Forschungshilfsmittel (580 S.)
- Kornkreise für Anfänger (348 S.)	- Der kabbalistische Lebensbaum als
- Feng Shui für Anfänger (96 S.)	spirituelle Landkarte (520 S.)
- Tao für Anfänger (112 S.)	- Logik und Wirkung der Analogie (700 S.)
- Magie für Anfänger – Sammelband I (696 S.)	
- Magie für Anfänger – Sammelband II (664 S.)	**Eilenstein, Frater V.D., Knecht, Büdenbender**
- Magie für Anfänger – Sammelband III (580 S.)	- Magie heute – Berichte aus der Praxis (288 S.)
- Magie für Anfänger – Sammelband IV (700 S.)	- Living Magic (261 p.)
- Magie für Anfänger – Sammelband V (676 S.)	
- Magie für Anfänger – Sammelband VI (640 S.)	**Büdenbender, Eilenstein**
	- Chaos, Alk und Magic (436 S.)

Die Themen der 87 Bände der Reihe „Die Götter der Germanen"

1. Die Entwicklung der germanischen Religion
2. Lexikon der germanischen Religion
3. Der ursprüngliche Göttervater Tyr
4. Tyr in der Unterwelt: der Schmied Wieland
5. Tyr in der Unterwelt: der Riesenkönig   Teil 1
6. Tyr in der Unterwelt: der Riesenkönig   Teil 2
7. Tyr in der Unterwelt: der Zwergenkönig
8. Der Himmelswächter Heimdall
9. Der Sommergott Baldur
10. Der Meeresgott: Ägir, Hler und Njörd
11. Der Eibengott Ullr
12. Die Zwillingsgötter Alcis
13. Der neue Göttervater Odin   Teil 1
14. Der neue Göttervater Odin   Teil 2
15. Der Fruchtbarkeitsgott Freyr
16. Der Chaos-Gott Loki
17. Der Donnergott Thor
18. Der Priestergott Hönir
19. Die Göttersöhne
20. Die unbekannteren Götter
21. Die Göttermutter Frigg
22. Die Liebesgöttin: Freya und Menglöd
23. Die Erdgöttinnen
24. Die Korngöttin Sif
25. Die Apfel-Göttin Idun
26. Die Hügelgrab-Jenseitsgöttin Hel
27. Die Meeres-Jenseitsgöttin Ran
28. Die unbekannteren Jenseitsgöttinnen
29. Die unbekannteren Göttinnen
30. Die Nornen
31. Die Walküren
32. Die Zwerge
33. Der Urriese Ymir
34. Die Riesen
35. Die Riesinnen
36. Mythologische Wesen
37. Mythologische Priester und Priesterinnen
38. Sigurd/Siegfried
39. Helden und Göttersöhne
40. Die Symbolik der Vögel und Insekten
41. Die Symbolik der Schlangen, Drachen und Ungeheuer
42.a Die Symbolik der Herdentiere I
42.b Die Symbolik der Herdentiere II
43. Die Symbolik der Raubtiere

44. Die Symbolik der Wassertiere und sonstigen Tiere
45. Die Symbolik der Pflanzen
46. Die Symbolik der Farben
47. Die Symbolik der Zahlen
48. Die Symbolik von Sonne, Mond und Sternen
49.a Das Jenseits I – Das Hügelgrab
49.b Das Jenseits II – Der Jenseitsweg
50. Seelenvogel, Utiseta und Einweihung
51. Wiederzeugung und Wiedergeburt
52. Elemente der Kosmologie
53. Der Weltenbaum
54. Die Symbolik der Himmelsrichtungen und der Jahreszeiten
55.a Mythologische Motive I
55.b Mythologische Motive II
56. Der Tempel
57. Die Einrichtung des Tempels
58. Priesterin – Seherin – Zauberin – Hexe
59. Priester – Seher – Zauberer
60. Rituelle Kleidung und Schmuck
61. Skalden und Skaldinnen
62 Kriegerinnen und Ekstase-Krieger
63. Die Symbolik der Körperteile
64.a Magie und Ritual I
64.b Magie und Ritual II
64.c Magie und Ritual III
65. Gestaltwandlungen
66.a Magische Angriffs-Waffen
66.b Magische Verteidigungs-Waffen
67. Magische Werkzeuge und Gegenstände
68. Zaubersprüche
69. Göttermet
70. Zaubertränke
71. Träume, Omen und Orakel
72. Runen
73. Sozial-religiöse Rituale
74. Weisheiten und Sprichworte
75. Kenningar
76. Rätsel
77. Die vollständige Edda des Snorri Sturluson
78. Frühe Skaldenlieder
79.a Mythologische Sagas I
79.b Mythologische Sagas II
80. Hymnen an die germanischen Götter